云制造环境下制造业服务资源管理决策研究

禹海波　李彤彤　李　健　著

北京市社会科学基金研究基地项目
国家自然科学基金重点项目（项目编号：71932002）　资助出版
北京工业大学 经济与管理学院 北京现代制造业发展研究基地

科学出版社
北　京

内 容 简 介

制造业是国民经济的主体，是立国之本。随着云计算、区块链、物联网、人工智能、5G 等新一轮信息技术革命的应用和发展，在促进科技创新的同时，信息技术革命也成为推动全球制造业转型升级的原动力。云制造和区块链正在成为全球制造业变革的主攻方向。本书运用资源管理等理论及区块链等技术，研究云制造环境下制造业服务资源管理决策问题。全书共分为三篇，第一篇基础篇，是云制造概述。第二篇理论篇，主要内容包括：云制造环境下制造业服务资源管理决策研究概述、基于区块链的制造业科技服务资源管理分析。第三篇应用篇，主要内容包括：云制造环境下北京现代制造业服务发展现状分析、组织形态演变与发展趋势研究、资源优化配置研究、基于云平台的北京制造业科技服务资源共享研究以及基于区块链的北京服务资源管理实践分析和案例分析等。

本书可供管理科学与工程、社会科学等领域的研究人员及高等院校相关专业本科生和研究生使用，对企业经营者的管理实践也有较大的启示和帮助。

图书在版编目（CIP）数据

云制造环境下制造业服务资源管理决策研究 / 禹海波，李彤彤，李健著. —北京：科学出版社，2022.11

ISBN 978-7-03-071081-9

Ⅰ. ①云… Ⅱ. ①禹… ②李… ③李… Ⅲ. ①制造工业－服务业－资源管理－研究－中国 Ⅳ. ①F426.4

中国版本图书馆 CIP 数据核字（2021）第 274047 号

责任编辑：郝 悦 / 责任校对：贾娜娜
责任印制：张 伟 / 封面设计：无极书装

科 学 出 版 社 出版
北京东黄城根北街 16 号
邮政编码：100717
http://www.sciencep.com

北京建宏印刷有限公司 印刷
科学出版社发行 各地新华书店经销

*

2022 年 11 月第 一 版 开本：720 × 1000 1/16
2022 年 11 月第一次印刷 印张：11
字数：220 000

定价：110.00 元

（如有印装质量问题，我社负责调换）

序

随着云计算、区块链、物联网、人工智能、第五代移动通信技术（5th generation mobile communication technology，5G）等新一轮信息技术革命的广泛应用和迅速发展，这些新兴信息技术与制造工程相融合，形成了制造业信息化新的技术。但是，我国制造业仍存在着能耗较高、产业附加值偏低等问题。同时，近年来全球能源价格攀升、劳动力和土地成本提高等一系列问题正逐渐挤压中国制造业的利润空间。关键的问题是如何突破制造资源与制造能力的虚拟化、服务化等，实现制造资源和制造能力的协同，全面提升我国制造业发展质量和水平，特别是芯片等关键产品的国产化制造等，使我国由制造业大国真正成为制造业强国。

在这样的背景下，“云制造”的概念产生了。在《“十二五”制造业信息化科技工程规划》中，云制造技术被列为制造业信息化引领技术的首项技术。与传统的网络化制造模式不同，在云制造环境下，用户在云制造平台上直接获取的不是底层的虚拟化制造资源，而是更加强调将制造资源有机地组合起来，进而提供多种类、多层次的制造服务。制造企业对制造服务的需求涵盖了制造全生命周期的各个阶段和多个层次；作为资源与服务的共享平台，以什么样的方式组织海量制造资源，描述制造能力，并使其与制造企业的需求准确对接，为其按需提供高质量的制造服务，是实现云制造服务资源管理研究的重要课题。

2017 年 6 月 30 日《科技日报》的《科技创新对北京经济增长贡献率超 60%》一文报道：2016 年，北京研发经费支出达到 1479.8 亿元，比 2011 年增长 58%，占地区生产总值的比重为 6%左右，位居全国最高水平，也高于发达国家平均水平。但是，另一方面是产学研紧密结合依然不够（赵莉，2018）。

北京市制造业科技服务资源丰富，在创新资源中占有很大的比重。北京市《2018 年政府工作报告》提出：①依托中央在北京的科技资源优势，要在北京建设一批国家技术创新中心、国家制造业创新中心，还要支持基础科学中心建设，加快国家技术标准创新基地建设；②在高端制造业方面，要落实新一代信息技术等 10 个高精尖产业发展指导意见，在提升服务业方面，要提升金融、文化创意、商务等现代服务业发展质量和水平；③要支持高校与研发机构建设联合创新平台、协同创新研究院。在构建紧密合作的三大伙伴（产学研）关系方面，一些发达国家做得较好，它们的经验值得我们借鉴。在 2019 年 1 月 18 日召开的北京市第十五届人民代表大会第二次会议召开第四场新闻发布会上，北京市经济和信息化局副局长毛东军介绍：近年来，京津冀三地根据不同地区的产业优势，规划布局了一系列产业园区，涉及云计算、医药产业等领域。其中位于张北的云计算产业基地已运营张北云联数据中心、数据港张北数据中心等 4 个项目，共安装服务器约 12 万台。这些项目的建设不仅缓解了北京在大数据、面向未来的人工智能方面的迫切需求，也给张北地区的经济社会发展做出了贡献。

该书将资源管理理论与区块链等技术相结合，并结合北京制造业服务资源管理的实际情况开展了系统研究。该书的第二篇理论篇中的第 3 章介绍了基于区块链的制造业科技服务资源管理分析；第三篇应用篇介绍了作者取得的一系列研究成果，包括第 4 章云制造环境下北京现代制造业服务发展现状分析、第 5 章云制造环境下北京制造业组织形态演变与发展趋势研究、第 6 章云制造环境下北京制造业资源优化配置研究、第 7 章基于云平台的北京制造业科技服务资源共享研究、第 8 章基于区块链的北京服务资源管理实践分析以及第 9 章案例分析。其中第 7 章和第 8 章的研究有助于解释如何解决北京制造业服务资源共享及政务与金融服务资源管理等问题，这些研究成果拓展了传统制造业服务管理的思路和研究方法，具有很好的学术价值，对提升云制造环境下北京制造业企业的经营管理水平有重要的启示和指导作用。

第一作者禹海波教授有坚实的数学和运筹学等定量研究的基础，他本科学习的是数学专业，硕士和博士研究生专攻应用概率和运筹学，曾经作为访问学者多次到香港科技大学和香港中文大学访问。他有着丰富的从事管理科学与工程领域研究的经验，2010～2012 年作为负责人主持国家自然科学基金面上项目（70971001），2016～2018 年作为负责人主持北京市社会科学基金研究基地项目（16JDGLA004），2013 年在科学出版社出版专著《供应链系统的随机比较》，2017 年在科学出版社出版专著《行为供应链博弈与供应链社会责任管理研究》。其他两位作者也在本领域做出了有影响力的研究工作。该书取得的研究成果对管理科学和系统工程等领域的高等院校师生、研究机构研究人员有一定的参考价值，对企业管理人员的管理实践也会有一定的重要启示和指导作用。

汪寿阳
发展中国家科学院院士
国际系统与控制科学院院士
中国系统工程学会原理事长
2021 年 7 月 1 日于北京

前　言

改革开放四十余年来，中国制造业始终占据重要的经济地位，制造业的持续健康发展，顺利转型升级，对中国经济的未来至关重要。《中国制造 2025》指出："制造业是国民经济的主体，是立国之本、兴国之器、强国之基。" 2021 年 3 月 1 日，工业和信息化部发布相关数据。数据显示，2020 年我国工业增加值达到 31.31 万亿元，连续 11 年位居世界第一制造业大国。2021 年，中国经济面临前所未有的挑战，中美贸易摩擦不断，中国对外投资和贸易环境压力增加，欧美等地的发达国家引导高端制造业回流本土的同时，中国低端制造业也面临着来自东南亚等发展中国家的竞争。目前，中国制造业绝大多数企业的优势还体现在制造环节，即微笑曲线的中间环节。转型需要依靠科技、研发和创新驱动。

党的十九大报告[①]提出"加快建设制造强国，加快发展先进制造业，推动互联网、大数据、人工智能和实体经济深度融合"号召，加快推进北京市全国科技创新中心建设。面对国际产业竞争形势、国内经济转型的改革需求，为深入贯彻落实《中国制造 2025》五大工程、九大任务、十大领域的具体要求，助力智能制造产业转型升级、提质增效，解决智能制造行业供给侧结构性矛盾，消除地区间、行业间和企业间的政策壁垒，我们以云制造生态视角，围绕制造业热点话题以及企业痛点，剖析我国云制造的发展现状，为企业当前转型升级面临的困难提供管理启示和帮助，并给北京制造业产业链的发展指明方向。

2020 年，社会科学文献出版社出版的《中国社会科学院国际形势报告（2020）》指出，国家间争夺科技制高点的竞争日趋激烈，科技领域日益成为大国竞争的主战场和必争之地。各国特别是新兴发展中国家将更加重视原创性专业基础理论突破，加强科学基础设施建设，努力保证基础性、系统性、前沿性技术研究和技术研发持续推进，强化自主创新成果的源头供给，构建高效强大的共性关键技术供给体系，努力实现关键技术重大突破，把关键技术掌握在自己手里，力图把握全球科技竞争主动权。2022 年 1 月 6 日北京市市长陈吉宁在做北京市政府工作报告时指出，要进一步做强新一代信息技术、医药健康"双引擎"，推动集成电路、人工智能、通信等领域"卡脖子"技术实现新突破，加快新型细胞治疗、基因编辑等生物前沿技术突破和转化应

---

① 习近平. 决胜全面建成小康社会 夺取新时代中国特色社会主义伟大胜利——在中国共产党第十九次全国人民代表大会上的报告. [2017-10-27]. http://www.moe.gov.cn/jyb_xwfb/xw_zt/moe_357/jyzt_2017nztzl/2017_zt11/17zt11_yw/201710/t20171031_317898.html.

用，加速创新药、高端医疗器械产业化进程。大力促进高精尖产业能级跃升。

为此，我们提出在云制造环境下制造业服务资源管理决策问题，将获得的部分研究成果整理成本书，内容包括三篇：基础篇、理论篇和应用篇。基础篇为第1章，是云制造概述。理论篇共两章：第2章为云制造环境下制造业服务资源管理决策研究概述；第3章为基于区块链的制造业科技服务资源管理分析。应用篇共六章：第4章为云制造环境下北京现代制造业服务发展现状分析；第5章为云制造环境下北京制造业组织形态演变与发展趋势研究；第6章为云制造环境下北京制造业资源优化配置研究；第7章为基于云平台的北京制造业科技服务资源共享研究；第8章为基于区块链的北京服务资源管理实践分析；第9章为案例分析，分别介绍制造业服务资源云制造模式的案例分析——航天云网，制造业资源共享案例分析——优制网；新能源汽车资源共享案例分析。

本书的特点有以下两个：

（1）研究的前沿性。近几年区块链技术在制造业与服务业等行业得到了广泛应用，对解决我国制造业服务资源供需不匹配、管理不科学等问题发挥了重要作用。本书第3章提出了基于区块链的制造业科技服务资源管理问题，从而为我国制造业科技服务资源管理提供了参考。第8章提出了基于区块链的北京服务资源管理实践问题，为北京市中小制造企业与服务企业的政务服务与金融服务资源管理提供了理论指导。

（2）应用的广泛性。本书第6章研究了云制造环境下北京制造业资源优化配置问题；第7章研究了基于云平台的北京制造业科技服务资源共享问题。本书研究的问题都是企业界和学术界非常关注的问题，对从事运营管理的人员及时了解云制造服务管理的相关理论，对中小企业开展政务服务与金融服务资源管理，有较大的启示和帮助。

本书第3章和第8章由北京工业大学经济与管理学院的李健教授撰写，第4章～第7章由北京工业大学经济与管理学院的禹海波教授撰写，第1章、第2章、第9章由北京工业大学经济与管理学院的研究生李彤彤协助整理。

本书可供从事管理学、经济学等专业的教师和研究人员研究参考，同时，对制造业和服务等行业的企业经营管理及相关政府管理决策有一定的启示和帮助。本书如有不妥之处，恳请读者指正。

感谢北京市社会科学基金研究基地项目（项目编号：16JDGLA004）、国家自然科学基金重点项目（项目编号：71932002）和北京现代制造业发展研究基地对本书出版的支持。

禹海波

北京工业大学 经济与管理学院 教授

2022年3月1日于北京

目 录

第一篇 基 础 篇

第二篇 理 论 篇

第三篇 应 用 篇

第一篇 基 础 篇

第 1 章　云制造概述

本章主要介绍云制造的概念、云制造的发展、云制造对我国制造业的影响、云制造服务的内涵及云制造资源体系结构以及云制造环境下制造服务与制造资源分类等。

1.1　云制造的概念

1.1.1　云计算概念及其行业发展现状

1. 云计算的概念

云计算（cloud computing）是基于互联网的相关服务的增加、使用和交互模式，通常是通过互联网来提供动态易扩展且经常是虚拟化的资源。用户通过计算机、手机等方式接入数据中心，按自己的需求进行运算。美国国家标准与技术研究院（National Institute of Standards and Technology，NIST）将云计算定义为：云计算是一种按使用量付费的模式，这种模式提供可用的、便捷的、按需的网络访问，进入可配置的计算资源共享池（资源包括网络、服务器、存储空间、应用软件、服务），这些资源能够被快速提供，只需投入很少的管理工作或与服务供应商进行很少的交互。

云计算由一系列可以动态升级和被虚拟化的资源组成，这些资源被所有云计算的用户共享并且可以方便地通过网络访问，用户只需要按照个人或者团体的需要租赁云计算的资源。在 20 世纪 60 年代，麦卡锡提出把计算能力作为一种像水和电一样的公用资源提供给用户的理念，成为云计算思想的起源。在 20 世纪 80 年代网格计算、90 年代公用计算以及 21 世纪初虚拟化技术、面向服务架构（service-oriented architecture，SOA）、软件即服务（software as a service，SaaS）应用的支撑下，云计算作为一种新兴的资源使用和交付模式逐渐被学术界和产业界所认知。李伯虎（2011）指出，云计算的服务内容有三种：基础设施即服务（infrastructure as a service，IaaS）、平台即服务（platform as a service，PaaS）、SaaS。

2. 云计算行业发展现状

从“八五”到“十一五”，我国科技部及相关部门支持了以计算机集成制造、并行工程、敏捷制造、虚拟制造、网络化制造、制造网格等为代表的相关制造业信息化课题，已取得了一系列成果，并在制造业各个领域发挥了重要作用，对推进我国制造业信息化进程做出了巨大贡献。同时，以云计算、物联网、信息物理系统（cyber-physical system，CPS）、虚拟化技术、面向服务技术（如知识服务、服务技术等）、高性能计算等为代表的先进技术正迅猛发展，并在各个行业得到应用。云计算使通过因特网的超级计算能力成为可能，企业和个人用户只需购买或通过互联网租用计算能力，它降低了计算成本，使信息和知识有效分享，并且已成为信息技术（information technology，IT）行业的重点发展领域。无论国外的巨头亚马逊、谷歌、国际商业机器公司（International Business Machines Corporation，IBM）、微软，还是国内的巨头百度、阿里巴巴、腾讯，都把“云”当作未来发展的重点，其市场前景将远远超过计算机、互联网、移动通信和其他市场。

我国制造业正处于从生产型向服务型、从价值链的低端向中高端、从制造大国向制造强国、从中国制造向中国创造转变的关键历史时期。如何培育新型制造服务模式，满足制造企业最短的上市时间（time）、最好的质量（quality）、最低的成本（cost）、最优的服务（service）、最清洁的环境（environment）和基于知识（knowledge）的创新，即 TQCSEK 的需求，支撑绿色和低碳制造，实现中国创造，进而推动经济增长方式的转变，是未来 5～10 年我国制造业发展需要解决的重大问题（赵鹏，2012）。

1.1.2　云制造的内涵

云制造是为减少制造资源的浪费，借用云计算的思想，利用信息技术实现制造资源的高度共享，建立共享制造资源的公共服务平台，将巨大的社会制造资源池连接在一起，提供各种制造服务，实现制造资源与服务的开放协作、社会资源高度共享。2009 年，中国工程院李伯虎院士、时任北京航空航天大学自动化科学与电气工程学院副院长的张霖教授率领的研究团队，敏锐地意识到云计算、物联网等先进信息技术与制造业进行的深度融合将为制造业带来深刻的变革，在国际上率先提出了“云制造”的概念。

张霖等（2010）指出，云制造的核心思想是：将先进的信息技术与制造服务结合，形成一个由硬件和软件资源构成的资源池，使以异构分布式制造为导向的企业综合地利用云资源池来进行生产和制造服务，从而建立云制造服务平台，统一、集中、按需地智能化管理和经营制造服务，为各种用户提供高品质、低成本、安全可靠的制造服务，并使企业进行灵活、动态、简便的业务合作，从而推动广域的制造资源共享和优化。

李伯虎（2011）指出，云制造是指把制造资源和制造能力在网上作为服务提供给所需要的用户。具体来讲，“云制造”是一种面向服务的、高效低耗和基于知识的网络化敏捷制造新模式，是现有云计算和现有制造业信息化中的网络化制造、动态服务器页面（active server page，ASP）平台、制造网格等概念和技术的延伸和拓展。它融合现有信息化制造（信息化设计、生产、实验、仿真、管理、集成）技术及云计算、物联网、面向服务、高性能计算、智能科学等热点/新兴信息技术，将各类制造资源和制造能力虚拟化、服务化，构成制造资源和制造能力云池，并进行统一的、集中的智能化管理和经营，支持智能化、多方共赢、普适化和高效的共享和协同，达到通过网络和云制造服务平台为用户在产品全生命周期活动中提供可随时获取的、按需使用的、安全可靠的、优质廉价的制造资源与能力服务。云制造与云计算的比较见表 1-1（李伯虎，2011）。

表 1-1　云制造与云计算的比较

比较项目	云计算	云制造
特征	是一种新计算模式，把 IT 资源、数据、应用作为服务通过网络提供给用户	是在云计算提供的三种服务内容基础上的延伸和发展，它丰富、拓展了云计算的资源共享内容、服务模式和技术
共享资源	共享计算资源	共享软硬制造资源及制造能力
服务内容或特点	IaaS、PaaS、SaaS	按需动态架构；互操作；协同；异构集成；超强快速响应能力；全生命周期智慧制造

1.2　云制造的发展

1.2.1　云制造的发展方向

云制造将向着集成化、智能化方向发展，云制造的研究重点需要从概念、框架和模式向技术深化与应用转移；服务内容需要从 IT 服务向制造资源（特别是加工设备等）服务扩展；服务范围需要从私有制造云（面向企业自身）向公有制造云（面向行业、区域中小企业）发展；技术拓展需要与其他先进制造技术（3D 打印、智能制造等）和先进信息技术（物联网、移动互联网、大数据技术、高性能计算技术等）进一步融合。

1.2.2　云制造的发展路径

发展云制造的关键在于路径选择。当前，美国选择的是依靠信息技术优势推动云制造，以通用电气、IBM 等公司为支持，走软件打通硬件之路；德国选择的是依托制造优势推动云制造，以西门子、库卡机器人、思爱普等公司为主导，走硬件打通软件之路。从我国目前的产业发展情况来看，可以选择以电子商务的商业模式创新倒逼智能制造和云制造发展；在云制造的智能生产和智能产品选择方面，可以先选择产品智能化作为发展重点，以产品智能化推动生产智能化。然而，云制造的发展还面临许多制约因素，如智能产品的开发、物联网技术的发展、工业互联网基础设施的建设、云接入的通信协议、智能产品的标准问题以及公有云、私有云和混合云的边界划定与安全控制等，这些问题都有待我们继续深入研究解决。

云制造的研究与实践工作的开展，需要依靠政府、产业界、学术界等多方联合与共同努力，云制造的应用将是一个长期的阶段性渐进过程，而不是一蹴而就的项目工程。对于业界的广大制造企业而言，当前迈入云制造仍具有一定门槛。这首先要求制造企业具有良好的信息化基础，已经实现了企业内部的信息集成与过程集成。

1.3 云制造对我国制造业的影响

1.3.1 云制造推动制造业转型升级

当前，国际制造业正向着服务化、高效低耗、知识创新的方向发展，中国制造业面临着巨大的挑战与机遇。众所周知，制造业是我国国民经济的支柱产业，我国已经成为位居美国、日本和德国之后的世界第四大制造国，而我国大多数制造企业却面临着产品附加价值低、产品开发和服务竞争力弱、产品制造能耗高以及对环境造成的污染严重等诸多问题。我国要实现从制造业大国向制造业强国转变，发展云制造是必修课。

与我们熟知的智能制造相比，云制造的意义更多地在大制造的概念上，与主要适用于制造领域的智能制造概念相比，云制造从制造、销售领域延伸拓展到使用、服务等领域，具有更广泛的应用领域。当智能制造浪潮席卷全球之时，“云制造”已从概念走进现实。例如，应用端，2017 年初上海某展会上，徐工集团携手华为、阿里巴巴、中国电信等互联网和通信业领军企业，共同发布了工业云平台——“徐工工业云”，着力打造“互联网 + 云技术 + 制造”的全新工业经济发展模式，借此发力中国“一带一路”。

传统生产模式是企业根据市场调研结果决定生产的产品品种和数量，产品经过商业渠道到达消费者手中。电子商务则消除了生产者与消费者之间的沟通障碍、时空障碍、交易障碍，可以用消费者到企业（customer to business，C2B）模式代替企业到消费者（business to customer，B2C）模式。在云制造中，企业可以以大数据平台为基础、以柔性化生产为依托，根据客户需求进行个性化定制生产。不难看出，借助大数据、互联网、物联网等，云制造实现了由普通制造向智能制造的转变、由生产领域向服务领域的延伸、由资源分散低效向资源集中整合的转变。正是这种产业融合和个性化定制生产，颠覆了传统的生产营销和服务模式。

1.3.2　云制造环境下传统制造业面临的运营管理变革

随着云计算等云制造技术的发展和《中国制造 2025》政策的推进，我国传统制造业也面临着运营管理变革。

1. 云制造环境下的供应链管理系统变革

云制造环境下的供应链是在云制造技术体系下构建成的网链关系，是以云计算、物联网、人机交互系统等先进信息技术为支撑，更加敏捷、柔韧、开放、自主的供应链，管理方式上更灵活、更深入、更具创造性。云制造下的资源利用率提高，制造更加敏捷和智能，供应链在采用新技术进行调整后，将具备以下新的特点。

（1）实现对供应链中物理资源的管理。

（2）供应链组织形式更具虚拟性和动态性。

（3）加快供应链企业向知识型、学习型、创造型转变。

（4）资源集中且更具柔性。

（5）顾客参与程度更高。

（6）供应链更加专业和绿色。

2. 云制造环境下装备物联资源管理系统变革

云制造最初是由制造网格发展而来的，其目标是各制造行业服务提供者共同打造共享平台为整个制造行业提供服务，建立标准的体系结构，开发出一个云平台来统一管理制造资源服务。物联网是一个基于互联网、传统电信网等信息载体，让所有具有独立寻址的普通物理对象实现互通互联的网络。物联网具有普通对象设备化、普适服务智能化、自治终端互联化三大特性。物联网作为云制造系统的关键技术之一，目的是为云制造平台提供可感知的设备节点。

3. 云制造环境下的制造业知识产权系统变革

云制造模式下的知识产权问题，首先是网络环境下的知识产权问题。通过对国内外相关文献的综述发现，目前关于开放环境下的知识产权问题主要有三个方面，包括网络环境下知识产权信息的共享、知识产权的共享（转移、转让、交易等）以及知识产权的评估和利益分配等。并且，这些文献中知识产权涉及主体之间的关系主要是合作创新动态联盟。与这些形式的合作模式类似，云制造模式下的知识产权问题也主要聚焦于知识专有性和知识共享性之间的矛盾。云制造模式的目的是建立能够提供互操作性以供不特定的参与主体灵活、重复使用云上知识的平台，具有较明显的公众性。而知识产权特别是专利权则恰恰相反，本质上为私权，专属于权利人，没有法律规定或未经权利人许可，任何人不得使用权利人的智力成果。

1.4　云制造服务的内涵及云制造资源体系结构

1.4.1　云制造服务的内涵

云制造服务的内涵主要包括两方面。

（1）制造资源（是指物理存在的、具有静态传输介质的一种资源形式，包括计算资源、制造设备资源、软件资源、物料资源、知识资源和人力资源）的简单买卖或租赁服务，双方不产生或者产生较少的业务交互；是在制造活动中，服务提供者结合主观能力要素和制造资源要素为制造企业提供复杂协同业务的服务，服务供需双方存在业务逻辑依存关系和信息交互需求。

（2）围绕产品制造全生命周期所需，主要有设计服务、采购服务、生产加工服务、检测认证服务、销售服务、物流服务和维护维修服务等。设计服务是专业的设计企业为客户提供全部或部分设计工作的服务模式，包括产品设计和工艺设计。

1.4.2　云制造资源体系结构

这里介绍一种简化的四层体系结构，见图 1-1，分别是物理资源层、虚拟化层、服务层、应用层。

制造资源贯穿于产品生产的全过程。从图 1-1 中可以发现，物理资源层按其特征可以分为四类，分别是计算资源、硬制造资源、软制造资源和制造能力（代亚荣等，2008）。计算资源包括存储、运算器等资源。硬制造资源包括各类制造硬设备，如机床、加工中心、计算设备、仿真设备、试验设备等。软制造资源包括制造过程中的各种模型、数据、软件、信息、知识等。制造能力包括制造过程中有关的论证、设计、生产、仿真、试验、管理、集成等能力（汪卫星和刘飞，2012）。

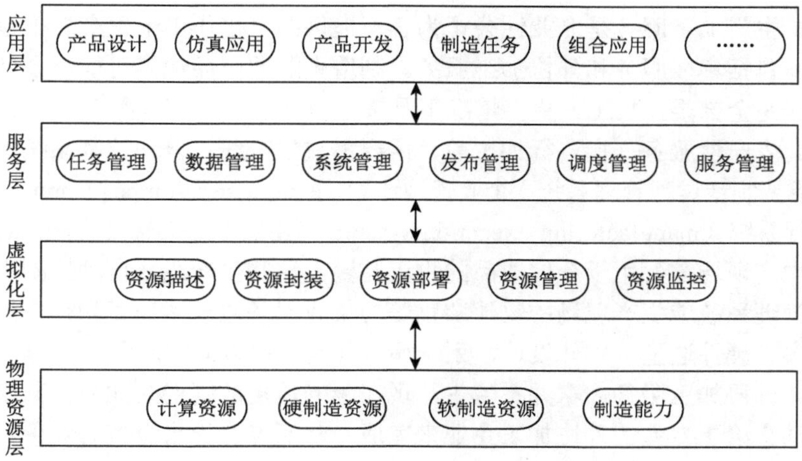

图 1-1　云制造资源体系结构

图 1-1 中的第二层是虚拟化层。资源虚拟化实现从物理资源到云资源的抽象和映射，对物理资源的静态属性、动态属性、行为属性及部署配置信息的描述，构建具有通用访问接口的虚拟资源封装组件，提供物理资源抽象的、简化的逻辑视图。通过虚拟资源封装组件的服务化方法，形成虚拟资源网络服务。资源虚拟化特征可以使共享资源实现便捷、灵活且富有弹性的资源聚合，满足云制造的按需服务，多粒度、多尺度访问控制等需求。

1.5　云制造环境下制造服务与制造资源分类

本节介绍云制造环境下制造服务分类和云制造环境下制造业资源共享与描述方法。

1.5.1　云制造环境下制造服务分类

云制造服务分类，是解决云制造服务资源主体问题的源头。通过各种分类方式对云制造服务分类后，可使之细化到具体的某个领域，缩小云制造服务的搜索范围。云制造服务分类如下。

（1）采购服务是指采购代理商向委托的制造企业提供有价值的市场信息，而且以最低的价格买到最好的货物，代委托方采购、收货、验货和储运等的服务模式。

（2）生产加工服务是专业性公司为客户提供的直接作用于生产加工过程的服务模式，包括集成服务和外协加工服务。制造企业的产品加工可能是全部自行加工，可能是全部委托加工，更多情况下是部分自行加工、部分委托加工。

（3）生产性服务是指自行加工前，需要集成生产线、自动控制系统；加工过程中，需要制造过程管理系统［企业资源计划（enterprise resource planning，ERP）、制造执行系统（manufacturing execution system，MES）］等的辅助生产；加工为成品后，生产现场需要用于仓储成品的物流装置。这些生产线、自动控制系统、制造过程管理系统或生产现场的物流装置等的集成服务主要涵盖了为客户提供系统设计方案、硬件选型、软件设计、系统调试与实施等方面的服务。

（4）外协加工服务大家并不陌生，现在越来越多的制造企业将内部某些生产制造活动交给更专业的外协加工企业来完成，从而专注于自身核心业务，快速、高质和低成本地生产市场所需的产品。

（5）检测服务是第三方检测机构依据相关国家标准或行业标准为制造企业提供的产品或零部件的性能测试等服务，并出具检测报告。认证服务是由国家认可的认证机构为制造企业提供的证明其产品、服务、管理体系符合相关标准、技术规范（technical specification，TS）或其强制性要求的合格评定服务。

（6）销售服务，包括代理机构的服务、批发贸易服务、零售服务、特约代理服务及其他与销售有关的服务。

（7）在云制造环境下，针对制造资源的网络虚拟化交易模式以及交易资源，我们尝试将其物流服务分为横向物流服务和纵向物流服务，其中横向物流服务包括运输服务、配送服务、仓储服务、加工包装服务、搬运装卸服务、信息服务，纵向物流服务涉及横向物流服务所有的功能板块，提供整个物流流程服务，包括门到门物流服务、个性化物流定制服务。

（8）维修维护服务是设备或系统超出售后服务期限后，专业维修公司为制造企业提供的设备或系统的维修维护服务。

1.5.2　云制造环境下制造业资源共享与描述方法

1. 云制造资源共享

制造资源共享是云制造应用的重要基础，而制造资源的有效发布和发现是制造资源共享的基础。云制造模型下制造资源信息的描述是非统一的，其语义存在差异，无法实现面向客户的制造资源共享（Li et al.，2010）。为实现制造资源的有效发布和发现，对 Web 服务及语义 Web 服务的相关技术进行分析，详细阐述通用描述发现和集成（universal description discovery and integration，UDDI）注册模式与语义 Web 服务描述语言（ontology Web language for services，OWL-S）之间的映射关系。

2. 云制造资源描述的方法

云制造资源是云制造服务的一种形式，对应的描述方法是资源描述框架（resource description framework，RDF）。对于硬制造资源，可采用基于知识框架的表达方法，具体体现 RDF；对于软制造资源，可采用基于 Web 服务的 OWL 表达方法；对于计算资源和制造能力资源描述，可采用可扩展标记语言（extensible markup language，XML）格式的 Petri 标记语言。通过以上的服务描述，可规范和指导云制造服务的建模、组织和管理。

1.6 本章小结

本章主要介绍了与云制造相关的基本知识点，包括云制造的概念、云制造的发展、云制造对我国制造业的影响、云制造服务的内涵及云制造资源体系结构以及云制造环境下制造服务与制造资源分类等。云制造是一种结合网络和智慧化服务的制造新模式，它利用云计算、物联网、服务计算、智能科学和高效能计算等新兴信息技术，发展现有的信息化制造技术，将各种制造资源和制造能力构成服务云池，为用户提供按需获取的制造服务。与已有的信息化制造技术相比，在数字化（共性特征）的基础上，云制造更为突出的典型技术特征可以概括为五点，即制造资源和能力的物联化、虚拟化、服务化、协同化、智能化，其综合地体现为“智慧化制造技术特征”。

云制造服务主要包括：制造资源的简单买卖或租赁服务，双方不产生或者产生较少的业务交互；围绕产品制造全生命周期所需，主要有设计服务、采购服务、生产加工服务、检测认证服务、销售服务、物流服务和维护维修服务等。关于云制造环境下的服务资源管理与资源共享将在理论篇和应用篇中介绍。

第二篇　理　论　篇

第2章　云制造环境下制造业服务资源管理决策研究概述

本章主要介绍博弈论及其在制造业服务管理决策中的应用研究、排队论及其在制造业服务管理决策中的应用研究、云制造环境下制造业服务资源优化配置及评价研究、云制造环境下制造业服务资源供需匹配研究以及云制造环境下制造业运营管理分析。本章从不同的方面总结了云制造环境下制造业服务资源的研究现状以及主要的研究方法，并对制造业的运营管理进行分析。

2.1　博弈论及其在制造业服务管理决策中的应用研究

本节介绍博弈论及其在制造业服务管理决策中的应用研究，内容包括博弈论简介、博弈论适用于云制造的前提、博弈中包含的基本要素、纳什均衡。

2.1.1　博弈论简介

博弈论的思想最早可以追溯到 18 世纪，但真正作为一种理论研究则开始于 20 世纪 20 年代，具有开创性的工作是 von Neumann 与 Morgenstern 于 1944 年出版的著作 *Theory of Games and Economic Behavior*（von Neumann and Morgenstern，1944）。该书对冲突进行了数学分析，并完整、清晰地表述了博弈论的研究框架和基本公理。最初博弈论只是经济学的一门分支学科，侧重于从数学的角度进行定义和证明（姚国庆，2007）。1950 年 Nash 提出了纳什均衡（Nash equilibrium）的概念（Nash，1950a，1950b，1951），从此博弈论取得了长足的发展。Nash 因此获得 1994 年诺贝尔经济学奖。

博弈论是运筹学的一个分支，它也成为经济学的标准分析工具之一，目前它在行为学、经济学、计算机科学、政治学中都有广泛的应用。其研究内容换种说法就是一个合理选择问题，选择的前提是一个决策主体的选择会被其他决策主体影响，并且其决策也影响到其他决策主体的选择。可以看出博弈论可以应用在几个参与者的行动相互依赖的环境中，参与者可以是个人、团体、企业或者有共同利益方向的任何组合，在分析这些行为时，博弈论概念可以提供的是一种用公式阐述、组织、分析和理解的策略方案。博弈论将重点放在博弈的均衡上，有两点好处：一是使博弈论具有广泛的适用性，提升了其理论价值；二是使博弈论研究有了立足的基点，不至于迷失方向。博弈论的特别之处是各个参与者所做出的决策方案（策略）相互依存，参与者在冲突或合作后所产生的损益得失等结果，不仅取决于他自己所采取的决策方案，同时也与其他参与者所实施的决策方案有密切关系，最终的效用计算需要通过各参与者决策方案组合的函数来进行。

云制造环境下的资源调度问题既涉及计算机科学，同时由于云计算的运营本身就是一种商业运营模式（即买即服务），所以与经济学也有着一定的联系。从用户的角度来看，云制造环境中不同用户对于资源的购买，以及系统对于资源最终的分配策略，其本身就是一种博弈过程，用户的购买决策或者资源的分配策略之间总是相互依存的，再加上制造环境下对于资源的分配必须考虑到经济性以及公平性，因此必须考虑到资源分配上的均衡问题（赵鹏，2012）。

2.1.2　博弈论适用于云制造的前提

首先，云制造环境下的各个参与者如个人以及不同的制造企业，由于分布于各个地区、各个行业，所以在这种情形下使用者相互之间是不了解对方的，组织和组织之间、组织和个人之间会形成卖方之间的利益获取的竞争局面以及买方和卖方之间的利益最大化问题。在这种环境下，由于缺少一定的约束，使用者必定会把最大化自己的效用作为唯一的出发点，这样云制造环境下的参与者就是完全的利己主义者，也就符合了博弈论参与者完全理性的前提。其次，是共同知识（common knowledge）。所谓共同知识是指参与者对某种知识（如参与者的理性、参与者的得益等）了解程度的一种描述，如果某种知识成为共同知识，就意味着每个参与者都知道它，并且每个参与者都知道每个参与者都知道它，这种相互知识需要更多的信息，而且自始至终这种关系是不会变化的。参照云计算的运营模式，云制造环境中对于资源的租用也是通过出价来进行的。使用者对于不同资源的租用出价可以被资源调度系统得知，所以在一定时间内，所有使用者的租用需求以及出价信息对于资源调度系统来说是公开的，在调度系统做出调度策略之前可以被每个使用者得知并且不会发生变化。本着对使用者负责的原则，这些信息就相当于使用者相互间都知晓的共同知识。因此，云制造环境下这种资源及价格信息的公开，与博弈论中对博弈问题的描述和完全理性的公开相符合。

2.1.3　博弈中包含的基本要素

任何一个博弈都包含四个基本要素。

（1）参与者（player）。参与者是参与博弈的决策主体。判断博弈参与者的根本标志是他是否是博弈的利害关系者，只有在博弈中存在利害关系的决策主体才可看作博弈的参与者。一个较为特殊的、与其他参与者不存在利害关系的参与者定义为自然（nature）。

（2）博弈规则（rule）。博弈规则是对博弈做出具体规定的集合，它包含对参与者行动顺序的规定、当某个参与者行动时他所知道的信息、有什么样的行动可供选择、选择之后会得到什么样的结果，等等。

（3）结果（outcome）。结果是所有参与者的每一个可能的行动组合最后会出现的情形。

（4）收益（payoff）。收益是在可能的每一个结果上，参与者的所得和所失。用经济学的术语来说，就是在所有可能的结果上参与者的偏好是什么。这意味着博弈的每一位参与者会在不同的结果之间进行比较，以寻求最好的收益。

以上简单描述了云制造环境下的各种博弈要素，现实中像收益这样的指标通常需要经过相关理论的验证，例如，通过效用函数来进行准确的计算，还需要涉及均衡等相关概念才能够对一个复杂的问题进行描述。

下面介绍博弈类型的分类。

（1）从参与者间关系的角度来看，由于自然界中不仅存在冲突，还存在广泛的合作，所以一般认为，博弈主要可以分为合作博弈和非合作博弈。合作博弈假定参与者之间可以就怎样进行一场博弈达成协议，协议具有完全的约束力，并且能够实施。非合作博弈并不是说每个参与者总是拒绝与其他人参与合作，而是假定参与者在博弈中不能表达他们的意图，只能根据自己的自我利益来做出决策。非合作博弈与合作博弈的区别在于相互发生作用的当事人之间有没有一个具有约束力的协议。

（2）按照参与者对其他参与者的了解程度，博弈可分为完全信息博弈和不完全信息博弈。完全信息博弈是指在博弈过程中，每一位参与者对其他参与者的特征、策略空间及收益函数有准确的信息，也就是说所有重要的信息都是公共信息。不完全信息博弈是指如果参与者对其他参与者的特征、策略空间及收益函数信息了解得不够准确或者不是对所有参与者的特征、策略空间及收益函数都有准确的信息，在这种情况下进行的博弈就是不完全信息博弈。

（3）按照参与者的行动顺序，博弈可分为静态博弈、动态博弈两类。静态博弈是指在博弈中，参与者同时选择或虽非同时选择但后行动者并不知道先行动者采取了什么具体行动，也就是一方在做出行动时并不清楚对手是否已经行动；动态博弈是指在博弈中，参与者的行动并不是同时进行的，而是先后进行的，也就是后行动者能够获悉到先行动者所选择的行动，并能够在此基础上选择行动。

目前研究的博弈论一般是非合作博弈，分为完全信息静态博弈、完全信息动态博弈、不完全信息静态博弈、不完全信息动态博弈。与上述四种博弈相对应的均衡概念为：纳什均衡、子博弈精炼纳什均衡（subgame perfect Nash equilibrium）、贝叶斯纳什均衡（Bayesian Nash equilibrium）、精炼贝叶斯纳什均衡（perfect Bayesian Nash equilibrium），如表 2-1 所示。

表 2-1 非合作博弈的分类和均衡概念

非合作博弈	完全信息	不完全信息
静态	完全信息静态博弈（纳什均衡）	不完全信息静态博弈（贝叶斯纳什均衡）
动态	完全信息动态博弈（子博弈精炼纳什均衡）	不完全信息动态博弈（精炼贝叶斯纳什均衡）

在云制造环境中，首先，云服务消费者相互之间并不存在合作关系。大家对于资源的使用是一种抢夺与竞争关系，双方并不存在一定的协议约束，只是根据自我利益来进行决策，所以关于资源的博弈是非合作博弈；其次，在非合作博弈这个范畴内，从资源调度系统这个高度来看，每一位云服务消费者对其他参与者的出价信息、选择方案及收益函数都可以准确地掌握，也就是说所有重要的信息都是公共信息，因此，云制造资源调度的博弈是完全信息博弈。此外，从云服务消费者的行动顺序上来看，云服务消费者虽非同时选择使用资源及各自出价，但后行动的云服务消费者并不知道先行动的云服务消费者采取了什么具体行动，也就是一方在做出租用方案时并不清楚其他云服务消费者是否已经行动，这也就保证了在一定时间内所有消费者的选择方案对于资源调度系统是静态的，也就是说云服务消费者之间对于资源的博弈是静态的。

2.1.4 纳什均衡

1. 严格占优策略与严格占优策略均衡

在博弈论中，严格的优势策略简称严格占优策略，它是指在参与者获取的信息范围内，无论对方采取何种策略，它采取某种策略都比其他策略能够给自己带来最大的效用，这种策略就是严格占优策略。如果某个策略组合是由各个博弈方的严格占优策略组成的，则该策略组合是严格占优策略均衡。严格占优策略与严格占优策略均衡的定义如下。

定义 2.1（严格占优策略与严格占优策略均衡） 用 $G=\{S_1,\cdots,S_n;u_1,\cdots,u_n\}$ 表示一个 n 人博弈，其中 S_i 表示第 i 博弈方的策略集合，u_i 表示第 i 博弈方的收益函数，$i=1, 2, \cdots, n$。如果参与者 i 存在一个策略 s_i^* 使得对于任意 $s_i \in S_i$，$s_i^* \neq s_i$，都有

$$u_i(s_1,\cdots,s_{i-1},s_i^*,\cdots,s_n) > u_i(s_1,\cdots,s_{i-1},s_i,\cdots,s_n) \tag{2-1}$$

成立，则称 s_i^* 为参与者 i 的严格占优策略，称 $s^*=(s_1^*,s_2^*,\cdots,s_n^*)$ 为该博弈的严格占优策略均衡。

2. 纳什均衡的定义

纳什均衡是一种策略组合，是关于参与者的博弈将会如何趋于的“一致”预测（Fudenberg and Tirole，1991），意思是如果所有参与者预测特定纳什均衡会出现，那么没有参与者愿意采用与纳什均衡不同的行动。因此纳什均衡具有这一性质，参与者能预测到它，参与者预测到他们的对手也会预测到它，参与者预测到他们对手的对手也会预测到它。

纳什均衡实际上可以称为非合作博弈均衡，在一个存在 n 个参与者的博弈中，如果策略组合 $s^*=(s_1^*,s_2^*,\cdots,s_n^*)$ 是一个均衡，那么给定 n–1 个参与者的策略，某个参与者所选择的策略一定是最优的（否则就与参与者是完全理性的假设相矛盾）。换句话说，对于一个策略组合 $s^*=(s_1^*,s_2^*,\cdots,s_n^*)$，如果保持其他参与者策略不变，而任意一个参与者的策略都是最优的，那么策略组合 $s^*=(s_1^*,s_2^*,\cdots,s_n^*)$ 就是纳什均衡。纳什均衡的定义如下。

定义 2.2（纳什均衡）　用 $G=\{S_1,\cdots,S_n;u_1,\cdots,u_n\}$ 表示一个 n 人博弈，其中 S_i 表示第 i 博弈方的策略集合，u_i 表示第 i 博弈方的收益函数，$i=1, 2, \cdots, n$。如果参与者 i 存在一个策略 $s^*=(s_1^*,s_2^*,\cdots,s_n^*)$ 使得对于任意 $s_i \in S_i$，都有

$$u_i(s_1^*,\cdots,s_{i-1}^*,s_i^*,s_{i+1}^*,\cdots,s_n^*) \geqslant u_i(s_1^*,\cdots,s_{i-1}^*,s_i,s_{i+1}^*,\cdots,s_n^*) \tag{2-2}$$

成立，则称 $s^*=(s_1^*,s_2^*,\cdots,s_n^*)$ 为该博弈的纳什均衡。

纳什均衡是判断一个策略组合是否均衡的充分必要条件。前面提到云制造环境下的博弈是一个完全信息静态博弈。根据定义 2.1 可知，严格占优策略均衡一定是纳什均衡，反过来，纳什均衡不一定是严格占优策略均衡。

3. 云制造环境下的纳什均衡

云制造环境下，多个云服务消费者与多个虚拟资源间的博弈过程，实际上就是资源多路分配的过程。在这个虚拟资源分配博弈中，每个云服务消费者选择各自的初始策略之前，不会有消费者知道全局资源分配的状况。每个消费者都会相对自私地选择有利于自己的分配策略，并不能从全局上达到最优的策略，纳什均衡的实现是在某种意义上，对于多个自私消费者的博弈从全局上进行集中最优化的过程（赵鹏，2012）。

假设每个云服务消费者各自作为一位市场中的参与者，a_i 是消费者 i 的策略，

则向量$a=(a_1,a_2,\cdots,a_n)^{\mathrm{T}}$是所有消费者的策略集。记$a_{-i}$表示策略集$a$中的第$i$个元素$a_i$被剔除后余下的策略，即$a_{-i}=(a_1,\cdots,a_{i-1},a_{i+1},\cdots,a_n)^{\mathrm{T}}$。类似地，$(b,a_{-i})$表示消费者$i$用策略$b$替换策略集$a$中第$i$个元素而得到的策略，即$(b,a_{-i})=(a_1,\cdots,a_{i-1},b,a_{i+1},\cdots,a_n)^{\mathrm{T}}$。因此，给定系统完全的租用信息，每个消费者都要尽力去解决以下最优化的问题。

（1）争取每个云服务消费者的最大效用。每个云服务消费者的效用为$u_i(a_i)$，其目标就是最大化$u_i(a_i)$。

（2）云服务消费者所申请的资源数量不能超过所给的资源数量，要尽力使用现有资源来完成服务请求。记$k(i)$表示第i个消费者使用资源的数量，则应该满足：

$$\sum_{a_{ij}\in a_i} a_{ij}=k(i)，\ i>0，\ j>0 \tag{2-3}$$

式中，a_{ij}表示云服务消费者对于资源的租用与否，租用时为1，不租用时为0。

通过以下两个步骤证明资源分配博弈的纳什均衡总是存在的（赵鹏，2012）：首先，每个参与者在不考虑资源多路的情况下，独立解决自身的最优分配问题；其次，针对资源多路的情况定义相应的改进机制，这个机制通过不断地重复尝试各种分配策略，计算不同方案的效用损失，最小化并最终得到效用损失最小的方案，进一步给出具体的改进机制，并设计相应的算法。

4. 云制造环境下制造资源博弈均衡策略研究

苏凯凯等（2015）在充分考虑制造服务需求方和云制造服务平台运营方利益的基础上，针对云制造环境下无需求偏好的制造资源优化配置问题，利用博弈论能够调和与解决冲突的特性，将制造资源优化配置多目标优化问题转化为非合作博弈问题，分别以制造服务需求方和云制造服务平台运营方作为博弈方，以服务质量指标和柔性指标多目标优化函数作为博弈双方的收益函数，建立了云制造环境下的制造资源优化配置非合作博弈决策模型，并采用改进的带精英策略的快速非支配排序遗传算法对模型进行求解。

2.2　排队论及其在制造业服务管理决策中的应用研究

本节介绍排队论及其在制造业服务管理决策中的应用研究，内容包括排队论中的概率论分布、排队论中的随机过程、制造业资源管理中用到的排队模型、基于排队论的云制造环境下制造资源管理研究。

2.2.1　排队论中的概率分布

本节用到几个常用符号：$Z_+=\{0,1,2,\cdots\}$表示非负整数集合，R_+表示非负实数集合，$x(i)$表示向量x的第i个元素。

概率分布可分为连续型随机变量的概率分布（即连续型概率分布）与离散型随机变量的概率分布（即离散型概率分布）。

1. 离散时间排队中用到的概率分布

泊松分布是典型的离散型概率分布的例子。随机变量X的取值为非负整数$Z_+=\{0,1,2,\cdots\}$，且概率质量函数为$\Pr\{X=k\}=\frac{\lambda^k}{k!}\mathrm{e}^{-\lambda}$，$\lambda>0$，称$X$服从参数为$\lambda$的泊松分布。泊松分布通常描绘大量试验（稠密事件）中稀有事件出现的频数X的概率分布。泊松分布的均值为$E[X]=\lambda$，方差为$\mathrm{Var}(X)=\lambda$。

2. 连续时间排队中用到的概率分布

连续时间排队中用到的概率分布是连续型概率分布，它定义在非负集合$R_+=[0,\infty)$上，其针对的随机变量是连续随机变量X，累积分布函数记为$F_X(\cdot)$，概率密度函数记为$f_X(\cdot)$。

连续随机变量X的均值为$E[X]=\int_0^\infty t\mathrm{d}F_X(t)$，二阶矩为$E[X^2]=\int_0^\infty t^2\mathrm{d}F_X(t)$，方差为$\mathrm{Var}(X)=E[X^2]-(E[X])^2$。

连续时间排队中用到的概率分布主要包括负指数分布、埃尔朗分布等。

1）负指数分布

负指数分布可用于描述非老化性元件的寿命（元件不老化，仅由于突然故障而毁坏）。通常假定排队系统中服务器的服务时间和 Petri 网中变迁的实施速率符合负指数分布。

负指数分布的概率密度函数是

$$f_X(t)=\begin{cases}\lambda\mathrm{e}^{-\lambda t}, & t\geqslant 0\\ 0, & t<0\end{cases}$$

式中，$\lambda>0$是分布的一个参数，常称为率参数，即每单位时间发生该事件的次数。

负指数分布的累积分布函数为

$$F_X(t)=\begin{cases}1-\mathrm{e}^{-\lambda t}, & t\geqslant 0\\ 0, & t<0\end{cases}$$

负指数分布的均值为$E(X)=\frac{1}{\lambda}$，方差为$\mathrm{Var}(X)=\frac{1}{\lambda^2}$。

负指数分布具有无记忆性（memoryless property，又称遗失记忆性），即对于任意的$s,t \in R_+$都有$\Pr\{X > t+s \mid X > t\} = \Pr\{X > s\}$。也就是说，如果$X$是某一元件的寿命，已知元件使用了$t$小时，它总共使用至少$t+s$小时的条件概率，与从开始使用时算起它使用至少$s$小时的概率相等。

负指数分布与泊松过程的关系为：泊松过程是一种重要的随机过程，泊松过程中，第k次随机事件与第$k+1$次随机事件出现的时间间隔服从指数分布。而根据泊松过程的定义，长度为t的时间段内没有随机事件出现的概率等于$\frac{e^{-\lambda t}(\lambda t)^0}{0!}$；长度为$t$的时间段内随机事件发生一次的概率等于$\frac{e^{-\lambda t}(\lambda t)^1}{1!}=\lambda t e^{-\lambda t}$。所以第$k$次随机事件之后长度为$t$的时间段内，第$k+n$（$n=1,2,3,\cdots$）次随机事件出现的概率等于$1-e^{-\lambda t}$，这是指数分布。这还表明了泊松过程的无记忆性。

2）埃尔朗分布

埃尔朗分布是一种连续型概率分布，它主要用于可靠性理论和排队论中。埃尔朗分布与指数分布一样多用来表示独立随机事件发生的时间间隔。相比指数分布，埃尔朗分布能更好地对现实数据进行拟合（更适用于多个串行过程或无记忆性假设不显著的情况下）。除非退化为指数分布，否则埃尔朗分布不具有无记忆性（或马尔可夫性质），因此对其进行分析相对困难一些。一般通过将埃尔朗过程分解为多个指数过程的技巧来对埃尔朗分布进行分析。

遵循埃尔朗分布的随机变量可以被分解为多个同参数指数分布随机变量之和，该性质使埃尔朗分布广泛用于排队论中。

随机变量X服从埃尔朗分布，其概率密度函数是

$$f_X(t)=\begin{cases}\dfrac{\lambda^n t^{n-1} e^{-\lambda t}}{(n-1)!}, & t \geqslant 0 \\ 0, & t < 0\end{cases}$$

式中，$\lambda > 0$为尺度参数；n为正整数。埃尔朗分布的累积分布函数为

$$F_X(t)=\begin{cases}\dfrac{\gamma(n,\lambda t)}{(n-1)!}, & t \geqslant 0 \\ 0, & t < 0\end{cases}$$

式中，$\gamma(\theta,t)$是不完全伽马函数，它定义为$\gamma(\theta,t)=\int_0^t x^{\theta-1} e^{-x} dx$，不完全伽马函数与伽马函数的关系为$\lim_{t\to\infty}\gamma(\theta,t)=\Gamma(\theta)$。埃尔朗分布的均值为$E[X]=\frac{n}{\lambda}$，方差为$\mathrm{Var}(X)=\frac{n}{\lambda^2}$。

2.2.2　排队论中的随机过程

1. 离散时间马尔可夫链

马尔可夫链（Markov chain），由俄国数学家马尔可夫（A. A. Markov，1856—1922）提出，是指数学中具有马尔可夫性质的离散事件随机过程。该过程中，在给定当前知识或信息的情况下，过去（即当前以前的历史状态）对于预测将来（即当前以后的未来状态）是无用的。

在马尔可夫链的每一步，系统根据概率分布，可以从一个状态变到另一个状态，也可以保持当前状态。状态的改变称为转移，与不同的状态改变相关的概率称为转移概率。随机漫步就是马尔可夫链的例子，随机漫步中每一步的状态都是图形中的点，每一步可以移动到任何一个相邻的点，在这里移动到每一个点的概率都是相同的（无论之前漫步路径是什么样的）。

马尔可夫链是满足马尔可夫性质的随机过程，它描述了一种状态序列，其每个状态值取决于前面有限个状态。这些变量的范围，即它们所有可能取值的集合，称为“状态空间”，而 Y_n 的值则是在时间 n 的状态。

定义 2.3（离散时间马尔可夫链）　考虑随机过程 $Y=\{Y_n,n\in N_+\}$，$N_+=\{0,1,2,\cdots\}$，其状态空间为非负整数集合 $E=N_+$。如果 Y_{n+1} 对于过去状态的条件概率分布仅是 Y_n 的一个函数，即它满足下列关系式：

$$\Pr\{Y_{n+1}=j\,|\,Y_0=i_0,\cdots,Y_{n-1}=i_{n-1},Y_n=i\}=\Pr\{Y_{n+1}=j\,|\,Y_n=i\} \tag{2-4}$$

式中，j 为过程中的某个状态，则称 Y 为离散时间马尔可夫链，式（2-4）称为马尔可夫性。式（2-4）右端称为马尔可夫链 Y 的一步转移概率，如果该一步转移概率与 n 无关（即平稳转移概率），则称该马尔可夫链为齐次马尔可夫链。

离散时间齐次马尔可夫链通常用一步转移概率 $p_{ij}=\Pr\{Y_{n+1}=j\,|\,Y_n=i\}$ 来表示，这称为随机过程中的“转移概率”，有时也被称作“一步转移概率”。类似地，k 步转移概率为 $p_{ij}(k)=\Pr\{Y_{n+k}=j\,|\,Y_n=i\}$，它具有正定性，即 $p_{ij}(k)\geqslant 0$；也具有有限性，即 $\sum_{j\in E}p_{ij}(k)=1$。离散时间齐次马尔可夫链的二、三以及更多步的转移概率可以由一步转移概率和马尔可夫性得到，同样地，这些式子可以通过乘以转移概率并进行 $k-1$ 次求和或积分来一般化到任意的将来时间 $n+k$。

2. 连续时间马尔可夫链

连续时间马尔可夫链又称马尔可夫过程（Markov process）。设 $X=\{X(t),t\in R_+\}$ 是一个随机过程，如果在 t_0 时刻所处的状态为已知，t_0 以后的状态与它在 t_0 时刻之前所处的状态无关，则称 X 具有马尔可夫性。

定义 2.4（连续时间马尔可夫链） 设随机过程 $X=\{X(t),t\in R_+\}$ 的状态空间为非负整数集合 $E=N_+$，如果对于任意的 $n\geqslant 2$ 和任意的 $0\leqslant t_1<t_2<\cdots<t_n$，在条件 $X(t_k)=i_k$，$i\in E$，$k=1,2,\cdots,n$ 下，$X(t_{n+1})$ 的条件概率分布函数恰好等于其在条件 $X(t_n)=i_n$ 下的条件概率分布函数，即

$$\Pr\{X(t_{n+1})=i_{n+1}\mid X(t_1)=i_1,\cdots,X(t_n)=i_n\}=\Pr\{X(t_{n+1})=i_n\mid X(t_{n+1})=i_n\} \quad (2\text{-}5)$$

则称 Y 为连续时间马尔可夫链或马尔可夫过程，式（2-5）称为马尔可夫性。如果式（2-5）右端概率与 t_n 无关，则称该马尔可夫链具有平稳的或齐次的转移概率，此时转移概率记为 $p_{ij}(t)$，转移概率矩阵记为 $P(t)=(p_{ij}(t))$。

一个连续时间马尔可夫链是按照一个离散时间马尔可夫链从一个状态转移到另一个状态，但在转移到下一个状态之前，它在各个状态的停留时间服从负指数分布。此外，在状态 i 过程停留的时间与下一个到达的状态必须是相互独立的随机变量。

连续时间齐次马尔可夫链转移概率记为 $p_{ij}(t)$，满足：①正定性，即 $p_{ij}(t)\geqslant 0$；②有限性，即 $\sum_{j\in E}p_{ij}(t)=1$；③ $p_{ij}(t+s)=\sum_{k\in E}p_{ik}(t)p_{kj}(s)$。

正则条件：

$$\lim_{t\to 0}p_{ij}(t)=\begin{cases}1, & i=j\\ 0, & i\neq j\end{cases}$$

对任意 $t\geqslant 0$，记 $p_j(t)=\Pr\{X(t)=j\}$，$p_j=p_j(0)$，$j\in N_+$，称 $p_j(t)$ 和 p_j 分别为连续时间齐次马尔可夫链的绝对概率与初始概率。

2.2.3 制造业资源管理中用到的排队模型

1）M/M/1 排队系统

考虑 M/M/1 排队系统，是指：①顾客按照强度为 λ 的平稳泊松过程到达服务台，记 T_n 为第 n 个顾客与第 $n+1$ 个顾客的到达时间间隔，即 $T_n=\tau_{n+1}-\tau_n$，$n=0,1,2,\cdots$，$\tau_0=0$，其中 τ_n 表示第 n 个顾客的到达时刻，平均到达时间为 $1/\lambda$；②顾客的服务时间依次为 $S_1,S_2,\cdots$，服务时间独立同分布且服从参数为 μ 的指数分布，服务过程与到达过程独立，平均服务时间为 $1/\mu$；③有 1 个服务台，顾客到达时，若服务台空闲，他立即接受服务，否则他排在队尾等待；④顾客按先到先服务（first in first served，FIFS）规则接受服务，顾客在完成服务后离开系统，排在队首的顾客立即接受服务；⑤系统中有无限个等待空间。记 $\rho=\lambda/\mu$，它表示 M/M/1 排队系统的服务强度。

记 $X(t)$ 表示时刻 t 系统中的顾客数，$X=\{X(t),t\in R_+\}$ 是连续时间齐次马尔可夫链，它的状态空间为 N_+，无穷小生成元为

$$Q=\begin{pmatrix} -\lambda & \lambda & 0 & 0 & 0 & \cdots \\ \mu & -(\lambda+\mu) & \lambda & 0 & 0 & \cdots \\ 0 & \mu & -(\lambda+\mu) & \lambda & 0 & \cdots \\ 0 & 0 & \mu & -(\lambda+\mu) & \lambda & \cdots \\ \vdots & \vdots & \vdots & \vdots & \vdots & \end{pmatrix} \tag{2-6}$$

假设 $\lambda>0$，$\mu>0$，则具有式（2-6）无穷小生成元的马尔可夫链 X 是非周期的。

2）GI/M/1 排队系统

考虑 GI/M/1 排队系统，顾客按照一般更新过程到达服务台，记 T_n 为第 n 个顾客与第 $n+1$ 个顾客的到达时间间隔，即 $T_n=\tau_{n+1}-\tau_n$，$n=0,1,2,\cdots$，$\tau_0=0$，其中 τ_n 表示第 n 个顾客的到达时刻，假设顾客到达时间间隔 T_n 独立同分布，其累积分布函数为 $F(\cdot)$，平均到达间隔为 $E[T]$；顾客依次服务时间 $S_1,S_2,\cdots$ 是相互独立的，它们服从参数为 μ 的负指数分布，服务时间与到达过程独立，平均服务时间为 $1/\mu$；系统中有一个服务台，顾客按先到先服务规则接受服务，系统中有无限个等待空间。服务强度为 $\rho=1/(\mu E[T])$。

令 Y_n 表示第 n 个顾客到达服务台时系统中的顾客数，$Y=\{Y_n,n\in Z_+\}$ 是离散时间马尔可夫链，它的状态空间为 $Z_+=\{0,1,2,\cdots\}$，一步转移概率矩阵 P 为

$$P=\begin{pmatrix} \hat{b}_0 & b_0 & 0 & 0 & 0 & \cdots \\ \hat{b}_1 & b_1 & b_0 & 0 & 0 & \cdots \\ \hat{b}_2 & b_2 & b_1 & b_0 & 0 & \cdots \\ \hat{b}_3 & b_3 & b_2 & b_1 & b_0 & \cdots \\ \vdots & \vdots & \vdots & \vdots & \vdots & \end{pmatrix} \tag{2-7}$$

式中，$b_k=\int_0^\infty \mathrm{e}^{-\mu t}\frac{(\mu t)^k}{k!}\mathrm{d}F(t)$，$k\in N_+$。可以证明，当 $\mu>0$ 时，马尔可夫链 Y 不可约非周期。

3）M/GI/1 排队系统

考虑 M/GI/1 排队系统，其中顾客按照强度为 λ 的平稳泊松过程到达服务台，顾客的服务时间依次为 $S_1,S_2,\cdots$，服务时间独立同分布且与到达过程独立，其累积分布函数为 $G(\cdot)$，平均服务时间为 $E[S]$，服务过程与到达过程独立，系统中有 1 个服务台，顾客按先到先服务规则接受服务，系统中有无限个等待空间。记服务强度为 $\rho=\lambda E[S]$。

记 $Y=\{Y_n,n\in Z_+\}$，其中 Y_n 是第 n 个顾客服务完离开系统时留在系统中的顾客数，则 Y 是离散时间状态空间为 $Z_+=\{0,1,2,\cdots\}$ 的马尔可夫链，它的一步转移概率矩阵 P 有如下形式：

$$P=\begin{pmatrix} a_0 & a_1 & a_2 & a_3 & a_4 & \cdots \\ a_0 & a_1 & a_2 & a_3 & a_4 & \cdots \\ 0 & a_0 & a_1 & a_2 & a_3 & \cdots \\ 0 & 0 & a_0 & a_1 & a_2 & \cdots \\ \vdots & \vdots & \vdots & \vdots & \vdots & \end{pmatrix} \tag{2-8}$$

式中，$a_k=\int_0^{\infty}\mathrm{e}^{-\lambda x}\dfrac{(\lambda x)^k}{k!}\mathrm{d}G(x)$，$k\in N_+$。可以证明当 $\lambda>0$ 时，马尔可夫链 Y 不可约非周期。

2.2.4　基于排队论的云制造环境下制造资源管理研究

刘赛等（2012）假设用户作业使用云计算资源服务时间服从负指数分布，利用马尔可夫链和排队论的相关知识，通过构造云计算资源池多服务窗等待的 M/M/c 排队模型，得到在一个排队队列时和多个排队队列时的系统性能指标并进行比较，以及资源池中服务进程与作业等待时间的对比关系。得出在作业忍受一定排队等待时间的条件下，云计算资源池集成适当数量的资源就可以为用户提供较高性价比的云计算服务。庆龙和李建武（2017）提出了一种基于排队论的资源分配方案，用来满足网络不断发展条件下对更高资源使用效率的要求。在该方案中，云计算中的资源分配被分为单级资源分配和多级资源分配。为实现资源的高效调度与利用，资源分配的任务流被抽象为一个队列模型。他们分析了这一排队模型的性质，如到达任务数和任务到达间隔的性质。根据建立的稳态方程，得到了模型的性能指标，如队列长度、等待队列长度等。黄旭等（2015）根据此类云计算开放运行环境下资源竞争的特点及用户在竞争中的行为，针对 IaaS 云中共享用户之间服务性能的相关性，将 SaaS 提供者作为自利主体及 IaaS 用户，分析如何分解服务请求流，同时利用本地和 IaaS 云资源以获得最佳的服务响应速度，提出一种基于排队理论的云计算服务分流博弈模型，对其进行纳什均衡策略和社会最优策略分析，证明该博弈存在唯一的纯策略纳什均衡，并将其与社会最优行为进行对比。

2.3　云制造环境下制造业服务资源优化配置及评价研究

本节分别从云制造环境下制造资源配置问题、云制造环境下制造资源配置方法、云制造环境下制造业服务资源配置评价方法三个方面进行相关研究综述和分析。

2.3.1　云制造环境下制造资源配置问题研究概述

根据基础篇所述的云制造的特点，国内外学者对云制造模式下的资源优化配置开展了各项研究。张霖等（2010）阐述了“制造云”的构建过程，将资源分为硬资源与软资源，并给出了制造能力元描述模型以实现资源服务化封装，为云制造资源优化配置奠定了基础。制造资源是云制造平台中最重要的资源，它承担了直接的生产任务，是云制造中的物理基础。

以组合制造资源需求任务为例，云制造服务平台按一定规则将其分解为单一制造资源需求的制造子任务（manufacturing sub task，MST），并将其按照一定的时序约束进行排列，云制造服务平台为每一个子任务分配一个候选制造资源服务集，在多目标和多约束条件下选择最优的云制造资源服务组合，形成可执行的制造服务路径（苏凯凯等，2015）。

2.3.2　云制造环境下制造资源配置方法研究概述

传统模式中制造资源分散在各地，而且资源利用技术水平参差不齐，资源利用率低，形成了大量的闲置资源，造成整个行业的制造资源浪费。因此，从众多的云制造设备资源中选择出满足一定约束条件的最优设备资源是云制造设备资源优化配置要解决的关键问题之一，它关系到云制造整体的运行成本、产品的生产周期以及运行效率、风险、敏捷性等多方面指标。为了解决云制造中的这一问题，国内外很多学者运用各种优化算法对其进行了各方面研究，主要涉及的优化算法如下。

1. 遗传算法

何炎祥和吴思（1998）应用遗传算法对制造资源进行选择。韩江洪等（2008）首先采用层次分析法确定评价因子的权重，然后基于遗传算法建立以最短的完工时间、最低的成本和最高的信誉度为目标的虚拟企业伙伴优化选择模型，在遗传过程中对各个单目标进行排序选择，通过对交叉、变异算子进行自适应改进，采用最优保存策略迭代求出最佳合作伙伴及分配的具体工作量。马雪芬等（2004）提出了两种可行的制造资源优化配置，以遗传算法求解制造资源优化配置模型。尹胜等（2010）提出了多任务和多目标的外协加工资源优化配置模型，采用遗传算法求解该配置模型，并以实例验证。黄剑等（2013）提出以时间（T）和成本（C）为多目标的多零件云制造资源优化配置模型，并利用遗传算法对该模型进行了求解。刘金山等（2008）从更底层的制造资源优化配置入手，借鉴传统遗传算法和生物学进化原理，提出一种双链遗传算法来解决这样的规划问题。张传顺等（2006）提出了以任务流程时间、加工质量、流程成本和服务质量为目标的多目标优化模型，结合用户对目标权重的要求，设计了基于遗传算法的制造网格资源调度过程。赵付青和李瑞生（2007）在制造网格资源调度中，考虑用户的多服务质量（quality of service，QoS）要求，以价格、时间、质量和可靠度为目标函数，提出基于多智能体的制造网格资源调度方法，运用合同网络协议作为多智能体的协作协议并根据制造网格资源调度需求，运用遗传算法作为资源优化组合的算法。

2. 蚁群算法

唐卫宁和徐福缘（2008）针对大批量定制协同制造链优化配置问题，以质量、时间、成本、提前交货期和协同度组建数学模型，并构造适应模型特征的改进混合蚁群算法；胡耀民和刘伟铭（2010）重新设计信息素局部更新规则和全局更新规则，动态调整最优路径信息素规则，构建最优路径的数学模型。王正成等（2010）提出利用蚁群算法求解网络化制造跨企业资源服务链的构建问题；余剑峰等（2008）针对零件的特定工艺线路，建立了以时间、成本和质量为目标的制造资源优化配置模型，设计了模型求解的自适应蚁群算法。郁丽君等（2013）提出一种基于遗传蚁群算法的资源调度算法，以解决云制造环境下制造服务资源多目标调度的问题。针对云制造系统中面向多任务的制造云服务组合问题，刘卫宁等（2013）建立了基于服务质量的多任务服务组合模型，在此模型基础上提出了基于矩阵实数编码的改进遗传算法。许志军和殷国富（2010）基于对制造资源调度和发现过程的分析研究，建立了实用的制造资源调度器模型和调度策略，然后采用蚁群算法对制造资源的调度快表进行优化，并给出有关的实验和数据分析。

3. 蛙跳算法

蛙跳算法（shuffled frog leaping algorithm，SFLA）由 Eusuff 和 Lansey（2003）为解决组合优化问题于 2003 年最先提出。作为一种新型的仿生物学智能优化算法，SFLA 结合了基于模因（meme）进化的模因演算法（memetic algorithm，MA）和基于群体行为的粒子群优化（particle swarm optimization，PSO）算法两种群智能优化算法的优点，是一种全新的启发式群体进化算法，具有高效的计算性能和优良的全局搜索能力。

得益于 SFLA 的简单易行、快速收敛以及初始参数较少，这种算法很快在调度方法包括云制造中得到了广泛应用。为了提高其全局搜索效率，赵鹏军和刘三阳（2009）加强了子群的优选和丢弃机制，避免算法陷入局部最优解域中。Elbeltag 和 Hegazy（2007）给算法增加了一个加速因子来提高它寻优的能力。朱哲岐（2014）

主要考虑云制造虚拟平台中任务的全生命周期，用交叉蛙跳算法对虚拟制造资源进行优化匹配。

4. *双层规划方法*

苏凯凯等（2015）在深入分析云制造的运行模式和制造资源配置过程的基础上，对云制造环境下的制造资源优化配置问题开展了相关研究。他们充分考虑了云制造环境下制造服务过程中的不确定性及制造任务需求方和云制造服务平台运营方的利益，提出了包括 QoS 指标和柔性指标的云制造资源服务组合评价指标体系，建立了云制造环境下的制造资源优化配置双层规划模型，并采用带精英策略的快速非支配排序遗传算法（non-dominated sorted genetic algorithm-Ⅱ，NSGA-Ⅱ）对模型进行求解。

除此之外，一些学者还考虑通过整数规划、最大化继承法、模拟退火算法等其他方法研究云制造环境下制造资源的优化决策问题。赵道致等（2015）同时考虑了云制造平台资源的实时变化特性和资源的产权关系，建立了云制造模式下基于 Pareto 最优的资源配置的动态模型，采用 Pontryagin 极大值原理求解模型，得到了云制造服务平台对各企业资源优化配置的 Pareto 最优战略。刘丽兰等（2003）通过分析制造系统自组织的特征，以及网格技术在制造业应用中的理论基础和系统框架，提出基于 T、Q、C、S 的多层次、多目标整数规划调度算法。尹超等（2012）针对面向新产品开发的云制造服务资源组合在优选过程中的不确定性、粗粒度性、多样性、动态性等特点，提出包含 T（服务时间）、Q（服务质量）、C（服务成本）、A（可用性）、Co（可组合性）、Tr（可信任性）、Ma（可维护性）和 Su（可持续性）八大目标变量的优选目标体系，建立一种面向新产品开发的云制造服务资源组合优选模型，并采用灰色关联度分析方法对该模型的求解过程进行了分析。在对云制造资源优化配置问题进行形式化描述，以及相关资源服务组合柔性分析的基础上，王时龙等（2012）考虑物流和信息流对时间、成本的实际影响，构建了以时间最短、成本最低和质量最优为约束条件的资源优化配置模型，并采用最大继承法对模型进行求解。为了有效解决制造网格中的资源调度问题，刘海霞等（2008）提出了多目标调度优化模型，并根据用户的要求，采用层析分析法（analytic hierarchy process，AHP）确定各目标权重，考虑到资源调度问题的特性，设计了基于遗传模拟退火算法的调度策略，以完工时间、成本、质量和服务为目标函数进行调度优化求解。

2.3.3 云制造环境下制造业服务资源配置评价方法研究概述

制造资源是为用户需求创造实体服务的主体，资源的良好等级决定了网络化制造、云制造等制造服务模式的实施价值，对适配共享环境的制造资源进行能力评价也是尤为重要的。因此，国内外大量学者对制造资源服务提供商的制造资源评价层面进行了研究，主要涉及的几种评价方法如下。

1. *层次分析法*

层次分析法由美国著名运筹学家 Satty 于 20 世纪 70 年代初提出，是一种定性和定量相结合的工具，目前在很多领域得到了广泛的应用。有很多学者将层次分析法引入制造资源的选择评价研究中。例如，金菊良等（2004）指出层次分析法能综合人的主观定性判断，形成各个决策因素的权重，避免在结构复杂的决策问题上出现逻辑推理失误。马永军等（2000）采用层次分析法解决合作伙伴选择评价问题。贺文锐和何卫平（2004）在描述资源模型和任务模型的基础上采用层次分析法构建了面对制造元任务的资源评价指标体系，并且在模糊理论的基础上，提出了网络化资源模糊评价模型。车帅等（2002）认为在基于应用服务提供商（application service provider，ASP）的客户定制化服务平台中，除了时间、质量、成本和服务外，产品的定制水平也应当成为制造资源服务评价的重要一环。根据这一观点，他们建立了面向客户需求的制造资源 TQCSC［时间（time）、质量（quality）、成本（cost）、服务（service）和产品定制水平（customerization）］评价指标体系，运用层次分析法对制造资源进行多指标的评估与决策。杨辉和谢庆生（2005）使用人工神经网络对动态联盟中的制造资源进行了评价，他们在研究中没有对制造资源的评价指标进行层次划分，更多地对人工神经网络之于制造资源评价的适用性进行了探索。郑立斌等（2011）针对网络化制造中的制造资源评价和选择问题，建立了包括时间、质量、成本、服务、绿色等的制造资源评价指标体系，并结合层次分析法、比较判断法和模糊理论提出了一种制造资源评价模型。

2. *模糊层次分析法*

考虑到层次分析法中人的判断的模糊性，将模糊数学引入层次分析法，将层次分析法扩展到模糊环境中，即模糊层次分析法（fuzzy analytic hierarchy process，FAHP）。Liu 和 Zhang（2006）、周艳美和李伟华（2008）认为模糊数学通过模拟人类做判断的特点，善于处理不精确的、模棱两可的信息。王化吉等（2011）认为 FAHP 是在确定因素集和评语集后，建立因素集和评语集的模糊映射关系，将自然语言的评语转化成隶属度表示的定量化评价值，最后用层次分析法解决评价问题。FAHP 的研究在一定程度上弥补了层次分析法的不足，因此，FAHP 也被应用到制造资源的评价选择当中，例如，张远龙等（2015）针对云制造环境下的制造资源评价问题，建立了包括时间、质量、成本、服务信誉度、可靠度等的制造资源评价指标体系，对评价指标进行模糊量化，并应用 FAHP 对云制造资源建立权重集，根据权重集对云制造资源进行综合评价。

3. 熵权法

熵权法（entropy-weighing method）的基本思想是：权重系数是各个指标在指标总体中的变化程度和对其他指标影响程度的度量，赋权的原始信息应当直接来源于客观环境，可根据各指标所提供信息量的大小来决定相应指标的权重系数，而熵在应用于评价时，可以度量获取数据所提供的有用信息量。李浩等（2007）针对 ASP 的动态联盟环境下的制造资源的评价建立了指标体系模型，分别从成本分析、质量体系、技术体系、服务体系和企业业绩五个方面对候选企业进行评估，使用理想点与熵权系数相结合的方法对评价目标的优劣进行判断。

4. 灰色评价法

灰色评价法是以灰色理论为基础、以层次分析理论为指导的一种定量计算与定性分析相结合的评价方法。该方法特别适用于对系统中的定性因素进行定量评价，较好地解决了评价中评价指标复杂、模糊的问题，是目前一种较为先进、科学、客观的评价方法。灰色评价法的关键是白化权函数的选择，如果白化权函数选择得不合适，则容易引起较大的误差。房亚东等（2009）分析了制造资源在快速扩散制造环境和网络化制造环境中的差异，建立了面向快速扩散制造环境的制造资源所属企业评价体系，结合灰色关联理论提出了制造资源的评估与选择方法。

由于以上评价方法都存在一些缺点，这些缺点会影响最终的评价结果。因此一些学者采取将两种或者两种以上评价方式相结合的方法进行进一步研究。例如，李惠林等（2008）面向网络化制造环境，建立了制造资源的评价体系模型，他们将评价指标分为时间、质量、成本、服务、敏捷性和领先性六个维度，并采用组合评价方法、熵值法、层次分析法对比分析候选企业的制造资源情况。陈浩等（2013）也采用组合评价的方法，基于偏差平方和最小原理建立了确定权重的评价模型，分析了云制造环境下制造资源的服务质量问题，分别从时间、费用、可靠性、可用性和安全性等方面对制造资源提供者进行综合评价。Lu 和 Sheng（2016）针对网络化制造资源的评价与选择问题，在制造资源评价指标体系的基础上，提出了一种基于模糊层次分析与灰色关联分析法相结合的制造资源评价方法。罗大海（2015）针对云制造资源优选问题，建立了包括时间、成本、质量、服务信誉度等的制造资源评价指标体系，采用基于服务质量评价的层次分析法——模糊综合评价法对制造资源进行了评价。

除了上述提到的评价方法，一些学者还采用了其他一些评价方法，这些方法对推动制造资源共享策略研究具有重要意义。例如，陈友玲等（2017）通过建立能力资源需求的评价体系，引入变精度粗糙集理论计算各评价指标的权重，结合能力资源提供方的供给偏好，求得多个候选能力资源需求订单的对应效率值，为能力资源提供方选择能力资源需求方提供重要参考依据。潘伟杰等（2011）构建了制造资源服务评价指标体系，设计 Pareto 占优对制造资源评价指标体系进行分析，提出了基于 Pareto 的指标体系优化方法，并给出了详细的数学模型。Cao 等（2016）针对云制造环境中的制造资源评价问题，提出了一种基于多元过程指标和直觉模糊值优度相结合的云制造资源评价方法。朱李楠（2014）考虑了云制造环境下的用户参与性和用户多样性，以 Beth 信任关系理论为基础，提出了基于用户自主预测评估和其他用户推荐评估的云资源综合评估方法。李天博（2015）提出了面向制造资源共享的供应商“初选—细选”双过程评价方法，建立了涵盖生产、柔性、质量、物流和管理五维能力的供应商综合能力指标体系，并使用两阶段灰色综合测度评价法（two stages evaluation method with grey synthetic measure，TS-GSM）对目标供应商的细选过程进行评价和排序。苏凯凯等（2015）建立了以代表制造服务需求方利益的服务质量指标和代表云制造平台运营方利益的柔性指标为主的云制造资源服务组合评价指标体系，针对云制造环境下存在需求偏好的制造资源优化配置问题，构建了云制造环境下的制造资源优化配置双层规划模型。另外，甘佳和段桂江（2012）为了保证云制造资源调度的有效性，提出了一种基于云制造的信任评价技术。

以上文献对云制造环境下资源的优化配置进行了探索和深入研究，获得了重要的研究成果。

2.4 云制造环境下制造业服务资源供需匹配研究

本节研究云制造环境下制造业服务资源供需匹配问题，内容包括制造业服务资源供需匹配研究综述、云制造环境下制造能力与传统电子商务模式的比较、云制造环境下制造能力业务流程的供需匹配、云制造环境下制造能力服务模型、制造业服务资源供需匹配管理分析。

2.4.1 制造业服务资源供需匹配研究综述

现代制造业作为我国国民经济的基石，其面临着许多新的挑战，例如，社会化制造资源/服务的供需匹配、跨学科/多领域的分布式信息集成与管控、全球化资源和能力动态共享与协同制造、资源循环利用与增值增效等问题，这些问题具有涉及面广、集成难度大、复杂程度高、动态性及不确定性强等特点，传统的方法和技术手段难以解决。为实现企业信息集成与管控、异构制造资源供需匹配、动态共享与协同制造，面向服务的架构思想被提出，受到国内外研究机构和企业的高度关注，并被广泛应用到企业制造全生命周期的各个环节（程颖等，2015）。

制造网格（Tao et al.，2011）、产品服务系统/工业产品服务系统（production service system，PSS）（Shimomura et al.，2013；江平宇等，2011）、应用服务提供商（Jeong and Stylianou，2011）、云制造（cloud manufacturing，CMfg）（李伯虎等，2010）等为代表的 SOM 模式和系统相继被提出。目前 SOM 已从理论和关键技术的突破、应用原型平台的建立，逐步转向企业的实际应用。然而，在面向企业动态不确定的应用过程中，其所面临的关键问题之一是如何高效地实现制造资源的动态供需匹配，即如何高效、方便、低成本地整合各种分散的制造资源和制造能力以及各种制造任务需求，从而实现社会化制造服务的供需匹配、自由流通、按需使用，进而实现制造服务的优化配置与企业间的制造业务协作。相关研究主要包括：资源配置（陶飞等，2010）、资源调度（Cheng et al.，2013）、任务调度（谭宜勇等，2010）、服务优选（Ding et al.，2008）、服务组合（Tao et al.，2008）等，这些研究未形成统一的研究框架，也没有明确的区别与定义，且大部分研究仅考虑资源或者任务单一对象，解决某一时刻供需静态映射的决策问题。

1. SOM 系统中制造服务

1）制造服务供应

SOM 系统中的供需匹配问题所讨论的“供应”，是以服务形式存在的各类制造资源。制造服务供应主要包括制造资源和制造服务。

（1）制造资源。SOM 系统中供应的制造资源根据存在形式和使用方式的不同，可分为产品全生命周期中的各类制造设备、计算设备、物料等硬制造资源，以及制造活动中所需的各类专业软件、经验模型、领域知识、过程数据等软制造资源。此外，在某一具体的制造活动过程中，制造资源通过有效配置和整合可以扩展为某些制造能力，如设计能力、仿真能力、生产加工能力和维护能力等（张霖等，2011；任磊等，2011）。

（2）制造服务。在 SOM 系统中，制造资源和制造服务通过一定的感知与接入、虚拟化、服务化等处理后以制造服务的形式存在，从而可以通过网络被聚合、检索、调用等，并为社会化的用户提供面向产品全生命周期的各类应用。考虑产品全生命周期中各个阶段的不同应用，可以将制造服务分为两类（图 2-1）：面向过程和操作的生产相关的服务；面向市场和消费的产品相关的服务（李浩等，2010）。另外，产品相关的服务是相关制造企业和服务企业在产品销售与使用阶段面向最终消费者提供的服务，如产品体验服务、运输与物流服务、维修服务等。

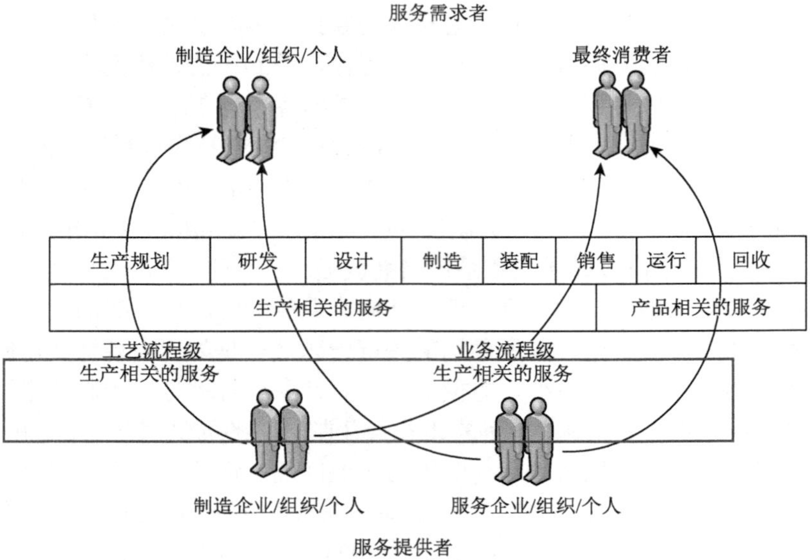

图 2-1　SOM 系统中制造服务的分类（李浩等，2010）

2）制造服务的需求

制造服务的需求，是指产品全生命周期过程中涉及的所有与生产相关或与产品相关的任务以及其他服务需求的集合。这些制造服务需求可以是单一制造服务即可完成的简单需求，也可以是由多个制造服务组合协作来完成的复杂需求。在 SOM 系统应用过程中，独立的简单制造服务需求和非独立的复杂制造服务需求并发出现。

2. 制造服务供需匹配问题

1）一般供需匹配的定义

一般供需匹配（match supply and demand）的概念，是从单个企业的角度出发，对某种单一产品/服务的供应和需求进行数量上的匹配（Wijaya et al.，2013）。由于微观经济学中顾客的需求与供应商的供应数量均为与产品价格有关的函数，现有的供应链管理领域的供需匹配研究，主要致力于研究某种产品/服务的供需均衡以及如何减小信息不对称造成的牛鞭效应（Cheng and Wu，2006；Bandyopadhyay and Bhattacharya，2013）等。然而，SOM 系统中制造服务的供需匹配（supply-demand matching of manufacturing service）是一个相对广义的概念，它同时兼顾资源配置和需求配置两方面，其结果是得到制造服务（供应）和制造服务（需求）间的映射对应关系。这种映射对应关系除了体现一般供需数量的匹配外，还包括在供需对象功能匹配的基础上进行的制造服务按需优选、组合、调度等一系列流程操作。

同时，由于制造服务在面向某些制造任务类的服务需求时，其执行过程具有持续性，SOM 系统中的供需匹配同样具有持续性，决定了其匹配是同时包括静态预调度和动态再调度的双重决策（程颖等，2015）。

2）供需匹配问题的分类

针对广义供需匹配的概念，SOM 系统中的供需匹配问题主要有以下三类、六种：从匹配的实质出发，包括供需对象匹配和供需数量匹配；从匹配对象的种类出发，包括单一产品/服务的供需匹配和多产品/服务的供需匹配；从实现匹配的主体出发，包括企业供需匹配和系统供需匹配。表 2-2 所示为对这些供需匹配问题的简要描述（程颖等，2015）。

表 2-2　SOM 系统中的供需匹配问题研究的分类

视角	种类	描述
匹配的实质	供需对象匹配	解决供应与需求对象间的映射对应关系
	供需数量匹配	解决对应的供应与需求间的数量的满足问题
匹配对象的种类	单一产品/服务的供需匹配	解决单一供应或单一需求面临的供需选择与调度
	多产品/服务的供需匹配	解决多供应与多需求间的匹配映射与调度
实现匹配的主体	企业供需匹配	从分散决策的角度，单个企业面临的供需匹配
	系统供需匹配	从集中决策的角度，市场/系统面临的供需匹配

3. SOM 系统中供需匹配研究现状及存在的问题

基于上述 SOM 系统中制造服务的分类（图 2-1），程颖等（2015）从 SOM 系统中供需匹配问题的不同研究模型和相应实现方法两个维度对现有研究进行综述与分析。

1）供需匹配问题的研究模型

SOM 系统是一个典型的复杂动态系统，其供需匹配的动态性既包括用户参与（即初始状态时制造服务供应和需求）的不确定性，也包括用户参与过程（即实现过程中的制造服务供应和需求）的动态性（程颖等，2015）。如何实现该复杂系统在动态和不确定环境下制造服务供需间的高效与精准匹配，是所面临的挑战之一。因此，考虑初始状态时制造服务的供应和需求是否确定，以及匹配后制造服务面向需求的执行或实现过程中制造服务的供应和需求是否动态变化，现有的供需匹配问题的研究模型主要有供需静态、需求动态、供应动态、供需动态和过程动态五种情况，如表 2-3 所示（程颖等，2015）。

表 2-3 SOM 系统中供需匹配问题的不同研究模型

供需匹配研究模型		初始状态		实现过程		描述
		供应	需求	供应	需求	
对象是否确定	供需静态	确定	确定	静态	静态	与确定的供应和确定的需求相匹配
	需求动态	确定	不确定			与确定的供应和不确定的需求相匹配
	供应动态	不确定	确定			与不确定的供应和确定的需求相匹配
	供需动态	不确定	不确定			与不确定的供应和不确定的需求相匹配
过程是否动态	过程动态			静态	动态	与静态的供应和动态的需求相匹配
				动态	静态	与动态的供应和静态的需求相匹配
				动态	动态	与动态的供应和动态的需求相匹配

（1）制造服务供需静态的匹配研究。当制造服务与需求在初始状态确定且在一定周期内均无变动时，供需匹配被定义为供需静态的匹配。研究者常将复杂制造网络的供需匹配与调度问题简化为供需静态的匹配问题开展定量研究。为满足资源的合理低成本供给和需求的高效完成，研究者多将资源或服务与需求或任务的匹配构建为一种整数规划模型（Moon et al.，2008），或依据任务/服务流程将服务/任务分层次进行划分和匹配（Tarantilils et al.，2008），例如，基于业务指标的服务配置（Johansson and Olhager，2004）、基于再制造中供需利益的匹配（Guide et al.，2003）、基于业务环境规则的匹配（Medjahed and Atif，2007）、基于相应改进算法的车间调度（Jia et al.，2007）等，大部分没有考虑动态执行过程的车间调度理论模型，都属于这类供需静态的匹配问题。然而，这些研究均不关心制造服务间、制造业务或需求间存在的关联关系，供需匹配均基于归档资源库进行特性对比和分析，当服务与需求数量迅速膨胀时，这些方法将变得缓慢而低效，无法满足动态和实时性要求。

（2）制造服务供需动态的匹配研究。供需动态的匹配，是指在一定周期内系统中的制造服务和需求均无变动，而在初始状态时制造服务和需求均不确定情况下的供需匹配研究。该匹配问题实为需求动态和供应动态复合环境下的供需匹配，现有的相关研究尚停留在初期阶段，例如，对供应链网络中供应和需求的不确定性进行多方位分类和归纳（Peidro et al.，2009；Lee，2002；Wang，2011），对供应链系统中的双重动态性进行基于网络模型的分析（Blackhurst et al.，2004），面向供需双重不确定性提出一种考虑中断缓解策略的供应链网络设计与规划方法（Lin and Wang，2011）等。然而，在实际的供需匹配问题中，“供”和“需”并不都是静态确定的，例如，在供应方面，制造资源或制造服务在任何时刻都有可能动态加入和退出，同时在需求方面，制造任务或其他业务需求的提交和撤销在任何时刻也是不确定的，这些供应和需求的不确定性都会影响供需匹配问题中服务的搜索、匹配和选择等决策，进而影响供需匹配的质量。因此，现有供需动态的匹配研究中的建模与解决方法，尚不能完全描述并解决 SOM 系统中的实际供需匹配问题。

从上述分析可知，当前的制造服务供需匹配的研究模型，主要集中在一定周期内供需都确定且不变、只有需求动态不确定或只有供应动态不确定三种情况下展开，而针对制造服务及其需求都动态变化且匹配过程也是动态变化的情况，当前的研究则不足。同时，随着制造服务的社会化供需规模的扩大，以简化的数学模型对其进行优化显然无法满足实际生产过程尤其是大型复杂制造网络的需求。

2）供需匹配问题的实现方法

在供需匹配问题的研究模型分析的基础上，分别从匹配依据、技术手段和求解方法三个方面对其实现方法进行调研分析。

（1）匹配依据。在 SOM 系统中，制造服务供需匹配的最终目的都是价值的创造。在经管领域，原有的较为成熟的消费者理论和厂商理论分别用来衡量顾客和企业的价值创造。随着消费者对需求的要求越来越高，衡量其价值目标的标准也发生了较为明显的变化，主要体现在两个方面：①顾客对产品的效用指标的丰富，随着顾客需求的个性化发展，衡量顾客效用的指标越来越多（Gerasimou，2010）；②为响应顾客效用指标的丰富，制造企业创造价值的衡量标准随之扩充，越来越多的制造企业用多属性效用理论来综合评估其多指标的价值创造（Gumasta et al.，2011），尤其是制造企业的服务化转型，使这一改变的需求更加迫切。

（2）技术手段。随着企业信息化程度和相关支撑技术的发展，解决供需匹配的具体方式也有所提高（Monostori et al.，2006）。SOM 系统中制造服务的供需匹配与管理的技术手段有以下三类。

①点对点式的供需匹配。当制造企业的信息化程度不高时，无法实现大规模企业间的信息集成，此时供需双方大多是局部的有经验的或有历史交易关系的制造企业，这种具有点对点式供需关系的企业大多只能在同一地区或相距不远的地区，开展分布式制造协作的规模和程度有较大的局限性（Xiang et al.，2008）。

②基于中介器的供需匹配。随着计算机和网络技术的不断发展，企业间的信息交流和协作变得容易起来，为提高供需匹配和制造的效率，供需双方开始借助中介器［如第三方中介/代理、信息中心、业务代理中心（Shen et al.，2007；Jiao et al.，2006；Fang et al.，2013；Tiwari et al.，2010）］等来实现匹配。其主要特点是使供需双方可以更便捷地找到匹配与合作方，满足各种需求。

③基于系统/服务平台的供需匹配。近年来，随着高性能计算、服务计算、大数据等技术的发展带来的强大的数据和信息运算与处理能力，基于中介器的供需匹配方式逐渐向基于系统/服务平台的方式转变（Tao et al.，2011；Valilai and

Houshmand，2013；Nishino et al.，2012；Huang et al.，2013；Candido et al.，2011），如 ASP 平台、网络化制造平台、云服务平台、企业对企业（business to business，B2B）电子商务平台等。随着知识工程、智能专家系统、搜索引擎、电子商务等技术的发展与广泛应用，与中介器相比，基于系统/服务平台的供需匹配方式具有更高的主动性和智能性，不但可以吸引大量制造资源拥有者主动向系统/服务平台注册其可用的制造资源和制造能力，将大量闲置的社会化制造资源和能力以虚拟化和服务化的形式聚集起来，实现分散资源集中使用（李伯虎等，2010），而且可以自主地针对各类用户需求实现制造服务的搜索、匹配、组合等自动化的制造服务供需匹配操作（Nishino et al.，2012；Huang et al.，2013），实现集中资源分散服务。

（3）求解方法。针对制造服务供需匹配的需求和特点，学术界对制造服务供需匹配的求解方法开展了大量研究，主要分为以下几类。

①基于模板/本体和关键字的方法：主要是基于系统中已有的业务需求或描述模板/本体，根据描述信息关键字进行搜索，选择能够匹配该模板的具体服务和任务对（Tao et al.，2009；Yang et al.，2013）。

②基于流程驱动的方法：不论网络服务/业务服务还是制造服务，业务过程执行语言（business process execution language，BPEL）都是被广泛接受的流程语言，并已成为标准（Anupindi and Akella，1993；Morariu et al.，2013）。

③基于人工智能和规划的方法：主要将供需匹配问题抽象为一个规划问题，然后基于人工智能（artificial intelligent，AI）中的逻辑推理、定理证明、任务规划等理论进行求解（Gupta and Marans，2003；Swaminathan，2000；Mula et al.，2006；Peidro et al.，2009；Taghipour and Frayret，2013）。

④基于图论的方法：主要将包括供需关系在内的各种关联关系表示成关系图，供需匹配等优化决策过程被转化到关系图中，遍历寻找从输入到输出或从输出到输入的可达路径（程颖等，2015；Blackhurst et al.，2004；Dou et al.，2009）。

⑤基于中介器的方法：当具有复杂内部逻辑的服务或需求需要相互结合时，会出现部分兼容的情况，这时是无法直接匹配的，需要用中介器来适配不完全匹配的服务间的接口和交互模式（Monostori et al.，2006；Shen et al.，2006a；Shen et al.，2006b）。

⑥基于服务组合的方法：将任务需求直接分解成子任务，为每个子任务搜索匹配到相关待选服务，然后从各待选服务集中各选一个组成组合服务。此外还有上述分析的基于供应链的方法和基于智能体的方法、基于服务质量优化的方法（Sawik，2009；Yeung et al.，2011；Yao and Liu，2009；Tao et al.，2009；Cucinotta et al.，2010；Jiao et al.，2006）等。

程颖等（2015）指出，目前文献中大部分主要针对某个时刻的供需匹配问题进行研究并给出求解方案。然而，如何基于当前的匹配数据和历史数据进行有效分析、对供需匹配的动态演化行为和统计特征进行分析、对未来供需匹配问题进行预测进而应用并指导未来匹配过程的优化等，这些科学问题尚缺少相关的研究。此外，基于系统/服务平台的供需匹配方式是未来的发展趋势，由于系统的开放性，系统中制造服务和需求的社会化、分散化、多样化、动态化等特点，如何实现动态环境下的 SOM 系统制造服务的供需匹配，已成为阻碍其实际推广应用的关键挑战之一。

2.4.2　云制造环境下制造能力与传统电子商务模式的比较

传统电子商务的核心技术是供应与需求的匹配。C2C、B2C 和 B2B 主要涉及成品、现成产品和消费品。然而，它们没有处理全部需求的能力。产品生命周期，如研发、生产和实验，这需要新的服务建模、管理和评估方法。

1. 制造能力服务建模

与成品相比，制造能力（manufacturing capability，MCap）不仅具有静态属性，在一段时间内大致保持稳定（例如，加工精度、可加工性材料），但也有自己的动态属性，这可能随时改变（例如，可用性、生产率、完成时间）。此外，不同类型的制造能力服务显示异质性。例如，它们在索引方面具有不同的属性。设备、服务质量等应按不同的方式推广领域需求。

2. 制造能力服务管理

不同的制造能力服务的元模型具有一定程度的异质性，随着云制造在工业和制造过程中的深入应用，将逐渐形成更为具体的标准，从而形成通用的标准属性集和可定制的领域属性集。因此，框架制造能力服务的注册和搜索应支持异构性和域可伸缩性。

3. 制造能力业务评价

与成品相比，制造能力服务的评价涉及更多，如性能、进度、质量和价格。此外，不仅要考虑历史交易的表现，还要考虑当前的出价和价格。传统的供应商评估方法可以提供一些线索，但他们只使用来自客户的评级，而来自历史合伙人和监管者的评级不包括在评估框架中。

2.4.3　云制造环境下制造能力业务流程的供需匹配

对于制造能力的供需匹配支持公众查询和定向查询业务模式，业务流程如图 2-2

所示，包括成员注册—制造能力注册—需求释放—供应商响应—比较和挑选—公平交易—执行管理—双向评价（Zhang et al.，2016）。

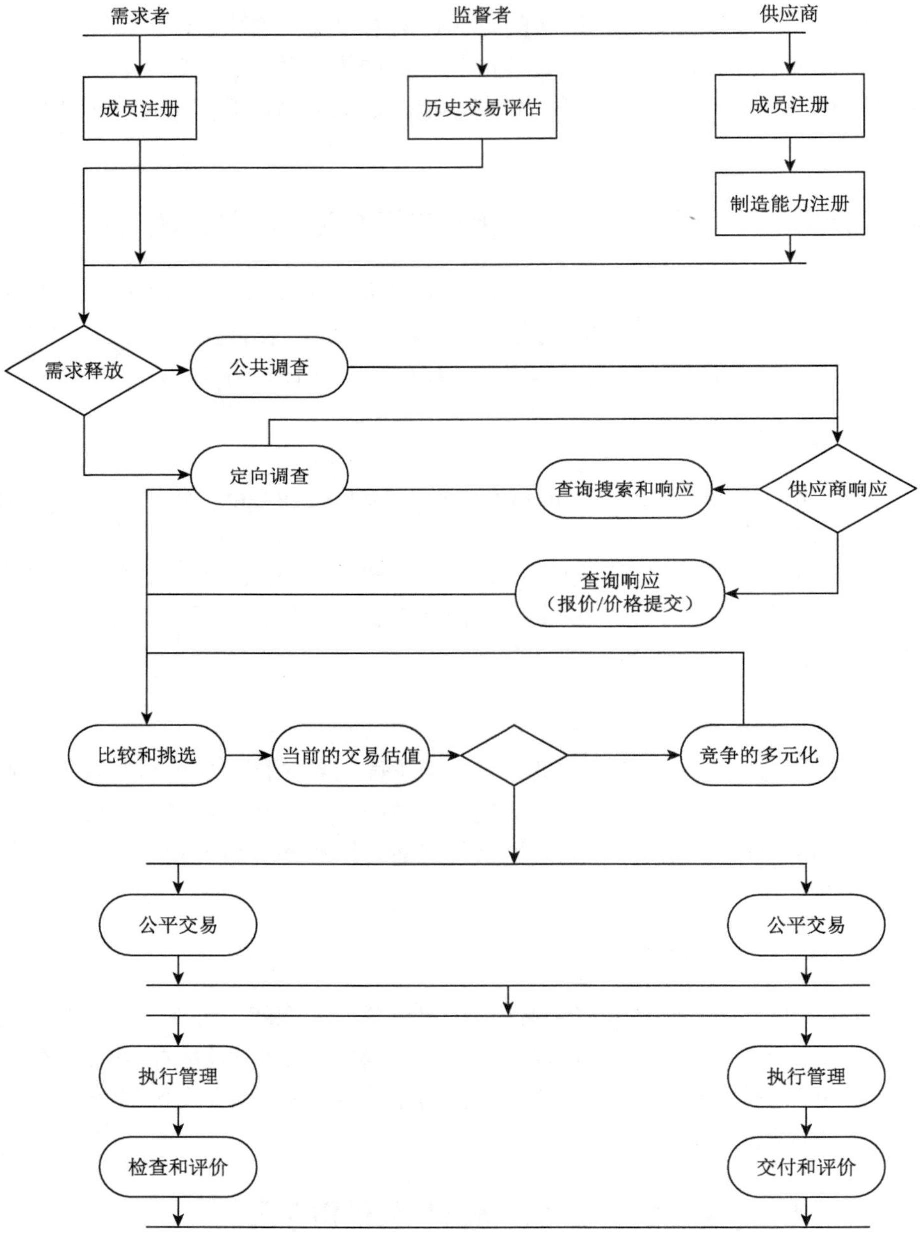

图 2-2　MCap 供需匹配的过程（Zhang et al.，2016）

2.4.4　云制造环境下制造能力服务模型

由于制造能力是一种“广义制造资源”，包括制造资源、人/智力资源、专业技术与管理。结合制造业的特点，下面描述制造能力的静态和动态特性，建立制造能力的通用标准属性集服务（元素）模型，同时，可以扩展标准属性集，而云制造在各个领域和制造过程的每个阶段都有着广泛的应用。

1. 制造能力的静态特性

制造能力的静态特性可以描述为六元组：静态信息 ={基本信息，资质信息，设备信息，人力资源信息，知识信息，历史任务信息}。

其中，基本信息 ={企业名称，位置信息，契约信息，完美产品，技术信息，背景，影像}。

资质信息代表公司制造能力相关的资格/认证。

设备信息是支持制造能力服务的关键设备，对每种类型的制造能力服务，相应的关键设备的参数都是不同的。例如，加工设备包括品牌、型号、数量、额定工时、精度、粗糙度、加工最大尺寸、可加工材料等信息；电气设备包括品牌、型号、数量、额定工时、加工水平、温度、最高温度、红外或真空功能、贴片重复精度、贴片速度、材料类型、材料容量、表面贴装技术（surface mounted technology，SMT）组件、X 射线探测器（2D 和 3D）、印刷速度、印刷压力、印刷间隙等信息。

人力资源信息是支持制造能力的关键人力资源服务，包括专家的名单和信息，专业人员的数量和各级技术人员能力服务，相应的属性可扩展到助理工程师/工程师/高级工程师/研究员；根据加工制造能力服务的性能，可将初级工人、中级工人扩展到先进工人、高级技师。

知识信息代表支持制造能力的相关知识产权服务，如专利、版权等。

历史任务信息表示支持制造能力服务的交易记录、解释投标记录的细节、年度合同的总量等。

2. 制造能力的动态特性

制造能力业务随着时间和市场的变化而变化。根据每个属性的特征，确定反映动态特性的正确表达式，主要包括平均完成时间、当前工作状态、可用性、质量、成本等，可以被描述为五元组：动态信息 ={平均完成时间，状态，可用容量，质量，价格}。

（1）平均完成时间表示运作的平均完成时间，即定义为制造能力完成第 i 个制造任务的时间：

$$t_i = \frac{D_i}{N_i} \tag{2-9}$$

式中，D_i 为动态信息 I 实际的任务执行时间；N_i 为 I 的总输出。令 $(t_1, t_2, \cdots, t_i, \cdots, t_n)$ 表示制造能力执行制造任务的记录，制造能力的平均完成时间（动态特性）可以用统计方法进行分析。由于时间属于计量特征值，一般服从正态分布 $N(\mu, \sigma^2)$，其中 μ 是 $\overline{t}$，即完成时间的平均值，σ^2 是标准偏差，它是反映制造能力特征的重要指标。较小的 σ 值表示平均完成时间波动范围较小，可断定制造能力的水平是稳定的、可控的。

（2）状态是指制造能力服务的当前状态，如空闲、满载运行，定义：

$$s\% = \frac{\text{CurrentOutput}}{\text{MaximalOutput}} \times 100\% \tag{2-10}$$

式中，$s\%$ 为制造能力的当前状态，它随实时制造执行时间的变化而变化；CurrentOutput 为当前输出；MaximalOutput 为最大输出。如果 $s\% = 0\%$，表示制造能力当前处于空闲状态；如果 $s\% = 100\%$，表示制造能力当前处于满负荷运行状态。

（3）可用容量表示制造能力服务所能完成的任务数，与状态有一定的对应关系，随订单数量和时间的变化而变化。Zhang 等（2016）用图形表示可用生产能力和时间的关系（图 2-3）。起点代表当前时间和可用的生产能力，①表示从当前时刻到时间 t_1，制造能力利用率降低，可用生产能力增加；②表示制造能力处于空闲状态；③表示从时刻 t_2 开始，制造能力被计划好，其生产活动逐步增加；④表示订单稳定；⑤表示制造能力被完全计划好，在这一时期制造能力服务不能再接受任何更多的订单；⑥表示结束时间。

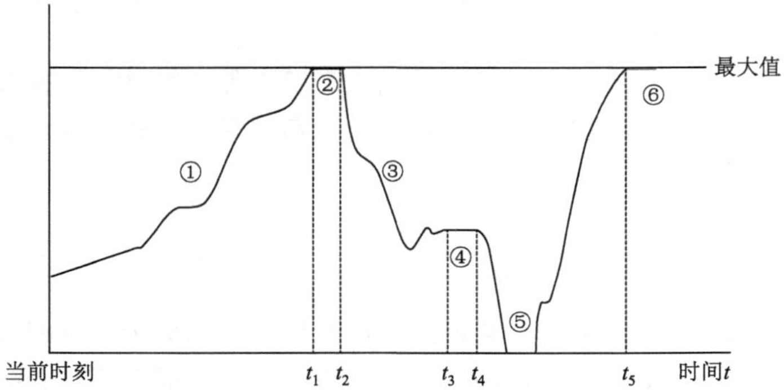

图 2-3　可用生产能力和时间的关系（Zhang et al.，2016）

可用容量图可以直观地显示制造能力利用率，为客户选择可用的制造能力服务提供参考。

（4）质量代表制造能力的服务质量，它一般由客户评分和系统判断组成，系统判断基于前面的生产情况和其他信息。Zhang 等（2016）的研究中制造能力的服务质量取决于特征值的数量，这可以避免传统的结果只能由客户评分得出导致的太主观的问题。取加工制造业为例，服务质量可以扩展为

质量 = {报废率，返工/修理率，延迟率，早期完成率，故障率，用户评价}

式中，对于部分产品来说，报废率是生产活动中废弃量占总产量的百分比；在操作过程中，报废率是指造成无法挽回错误的操作数量占总操作数量的百分比。废弃物是制造商的直接经济损失，高废品率表明制造能力缺乏质量保证。报废率 = 报废的数量/总产出量×100%，所以：

$$\overline{R_{\text{rjc}}}=\frac{1}{n}\sum_{i=1}^{n}R_{\text{rjc}_i} \tag{2-11}$$

式中，$\overline{R_{\text{rjc}}}$ 为报废率的平均数；R_{rjc_i} 为第 i 个批量的报废率；n 为传送的批次。

返工/修理率是所需返工或修理的产品数量与这个批次总产出的比值：

$$\overline{R_{\text{rw/rp}}}=\frac{1}{n}\sum_{i=1}^{n}R_{\text{rw/rp}_i} \tag{2-12}$$

式中，$\overline{R_{\text{rw/rp}}}$ 为返工/修理率的平均数；$R_{\text{rw/rp}_i}$ 为第 i 个批量的返工/修理率；n 为传送的批次。

延迟率是延迟批次的数量与所有批次的数量的比值。

早期完成率是早期完成的批次数量与总批次的比率。

故障率是失败的数量与总产出的比值。失败的数量是传送后在服务期内由接收方反馈的：

$$\overline{R_{\text{fail}}}=\frac{1}{n}\sum_{i=1}^{n}R_{\text{fail}_i} \tag{2-13}$$

式中，$\overline{R_{\text{fail}}}$ 为故障率的平均数；R_{fail_i} 为第 i 个批量的故障率；n 为传送的批次。

用户评价是消费者的主观评分评价，用户评价 = {不满意，不完全满意，一般，部分满意，满意}，分别对应数值 1～5。

上述六个质量特性需要全面评估，并获得用于用户咨询的生产能力的综合质量指数。每个属性都需标准化，即每个属性统一需要进行预处理：

$$X_{ik}=\frac{\max_i x_{ik}-x_{ik}}{\max_i x_{ik}-\min_i x_{ik}},\quad k=1,2,3,5 \tag{2-14}$$

式（2-14）表明，对于失败率，值越小越好。采取式（2-14），将小价值失败率转移到大价值，更加方便：

$$X_{ik} = \frac{x_{ik} - \min_i x_{ik}}{\max_i x_{ik} - \min_i x_{ik}}, \quad k = 4,6 \tag{2-15}$$

式（2-15）表明，对于早期完成率和用户评价，值越大越好。所以使用式（2-15）进行预处理使其标准化是符合逻辑的。结束后，得到矩阵：

$$X = \begin{bmatrix} X_{11} & X_{12} & \cdots & X_{16} \\ X_{21} & X_{22} & \cdots & X_{26} \\ \vdots & \vdots & & \vdots \\ X_{m1} & X_{m2} & \cdots & X_{m6} \end{bmatrix} \tag{2-16}$$

$W = [w_1, w_2, w_3, w_4, w_5, w_6]$ 是每个属性的权重，$X \times W^{\mathrm{T}}$ 可以得到综合质量指数 v，它可以替代制造能力。

（5）价格是制造能力服务的报价，随着市场因素变化。价格是在生产能力选择过程中一个重要的参考指数，Zhang 等（2016）用四个价格特征值来客观地评估价格：Pminimum 是制造能力价格的最小值，Pmaximum 是制造能力价格的最大值，PRminimum 和 PRmaximum 在所有类似制造能力的价格中分别代表最小值和最大值。

2.4.5　制造业服务资源供需匹配管理分析

制造能力是基于关系数据库和搜索关键字的结构化查询语言（structured query language，SQL），它不能满足制造能力变换模型的可伸缩性需求，制造能力服务不仅有常见的属性，也有可定制的标准域属性集。这种解决制造能力管理服务的方法基于数据模型实体-属性-值（entity-attribute-value，EAV）并且企业搜索平台 Solr 可以支持注册和高效搜索，这种搜索可以用于不同制造能力服务的变换模型的不同数量的属性。

制造能力服务的管理平台（图 2-4）包括三个模块（Zhang et al.，2016）。

（1）基于元模型的制造能力服务管理模块：制造能力服务建模工程师可以首先构建定制域制造能力服务模型，这种模型使用 XML 格式，然后制造能力服务模型转换工具将自动访问 EAV 模型数据交互接口来维持不同制造能力的服务。制造能力服务库中的属性表和值表可以支持不同数据类型的数字、文本、选择等。

（2）制造能力服务的索引配置模块：制造能力服务建模工程师可以配置不同制造能力服务在线搜索的属性集，这可以在 Solr 服务器中使用。

（3）基于 Solr 的分布式全文检索模块：在用户输入的搜索语句下，搜索交互接口将调用 Solr 全文检索服务来创建 Solr 查询实例，然后返回 JavaScript 对象表示法（JavaScript object notation，JSON）格式的查询结果。制造能力服务建模工程师也可以监控所有的分布式的 Solr 服务的运行语句。

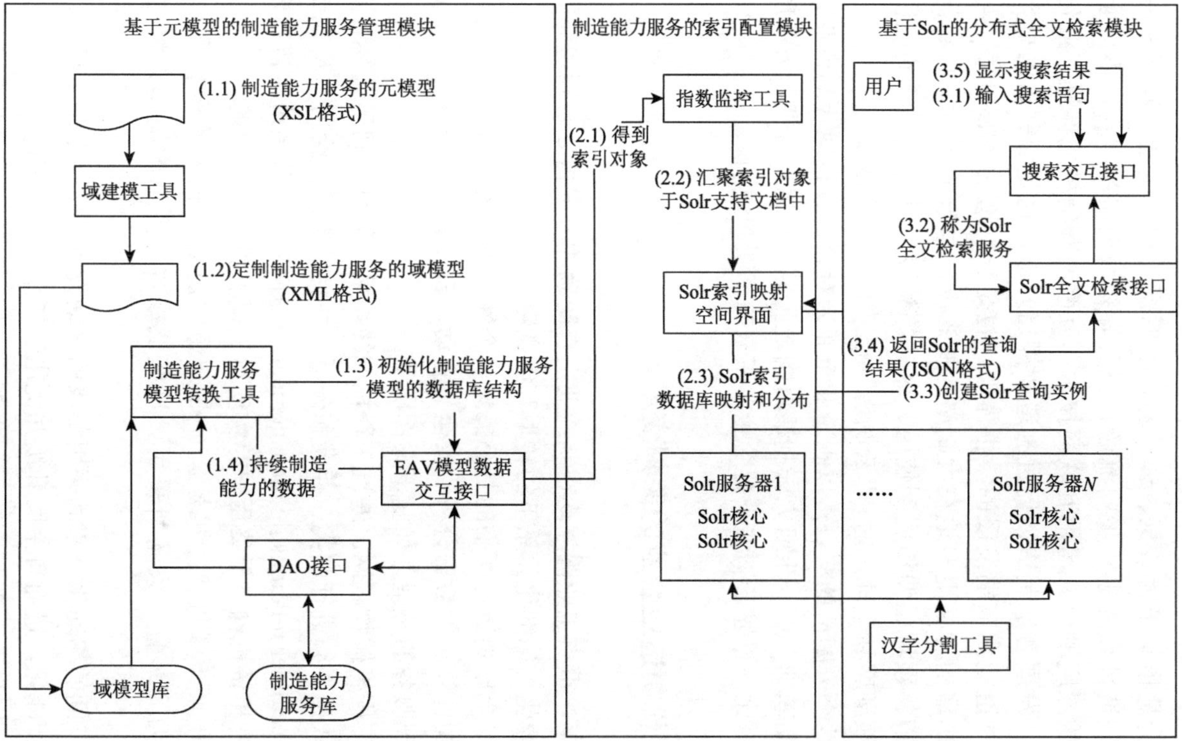

图 2-4 优化模型的业务场景（Zhang et al.，2016）

XSL（extensible stylesheet language）是可扩展样式语言；DAO（data access object）是数据访问对象

2.5　云制造环境下制造业运营管理分析

云制造是指基于大数据、云计算、互联网、智能制造和物联网等技术，运用于工业制造领域并进一步向流通、消费等领域拓展的产物，本质上是工业化与信息化的深度融合。运用互联网技术和互联网营销模式促进工业化与信息化深度融合，发展智能制造，促进制造业提档升级，这是云制造的重要内涵。智能制造是制造业向高端发展的集中体现，也是云制造的核心内容。与智能制造相比，云制造的意义更多地在大制造的概念上，与智能制造概念相比，云制造从制造、销售领域延伸拓展到使用、服务等领域，具有更广泛的应用领域。当智能制造浪潮席卷全球之时，“云制造”已从概念走进现实。

本节结合云制造的特点，以制造业企业为对象，分析现代制造业企业的深刻变革，在此基础上进一步研究云制造对制造业生产及运营管理等方面所产生的影响，通过对比，论述云制造平台给企业带来的革新和便利。

2.5.1　现代制造业企业的深刻变革

近些年，重点工业国家均在制造业上有明确的方案指导。制造业的变革将是一场在全球化、标准化体系下的转型升级竞赛。

目前，全球制造业面临的是小批量、个性化生产的“新个人”的时代，新技术包括认知计算、大数据分析、安全、移动、云计算、无处不在的传感；服务化即为产品到服务的转型，如以下案例所示。

（1）工程机械物联网。通过工程机械终端采集信息，利用无线通信网络传输至厂商的数据中心进行归类、存储和分析，并将结果提供给用户及 ERP、客户关系管理（customer relationship management，CRM）等业务系统，帮助企业及其代理商、融资租赁机构、最终用户等实现对工程机械的有效管理。

（2）开源计算与智能机器人。在开源中出现了强大的运算平台，此类平台将被亿万个装置、设备所采用。这些低成本、灵活的机器人将与人类并排工作。

（3）车间的移动化。车间采用集成的移动设备，将使车间工程师、操作员的工作流程智能化，进而有空间升级并优化生产流程与供应链。

（4）3D 打印。3D 打印的革命将加速工程师在设计、原型构建和小批量制造方面的速度。

（5）制造与社交媒体的连接（social connected manufacturing）。制造商利用社

交媒体取得用户对产品的反馈以及对下一代产品的建议与想法，众包的形式开始介入制造的相关环节。

2.5.2　云制造环境对制造业生产管理的影响

云制造环境对制造业生产管理的影响主要体现在订单获取、任务分解与建模、任务执行模式选择、任务监控、云制造平台信息挖掘共享等方面。

1. 传统模式下的企业生产管理模式

在我国，制造业基本分布在长三角、珠三角等地区，产业划分较细。制造业企业大多数都是中小微企业，这些企业的生产能力普遍不高，位于不同区域的企业之间缺乏必要的沟通与合作，在一定程度上制约了企业做大做强。

在传统模式下，制造业企业的生产一般集中在本企业内部或者一定地理区域范围内，流动性较差，生产流程也比较固定。

获取生产订单时，在我国制造业的当前情况下，订单制造是中小微企业的主要生产方式，很多行业如模具行业，其订单模式多为单件生产。在获取订单后，企业将根据生产能力将订单任务进行规划，下发到各个设计部门、制造部门以及检测部门，或者将无法完成的部分任务外协到其他企业。各个部门的子任务完成后，企业通过装配等步骤完成整个产品的生产，然后交付使用并负责后期维修等。

制造业发展到今天，传统模式遇到了很大的瓶颈，具体来说有以下几点。

（1）订单来源少。在传统环境下，制造业企业获取订单的渠道比较少，一般是经常合作的一些商业伙伴的订单或是地理位置相距不远的一些企业的订单。在这种模式下，企业订单周期不固定，企业的生产规划也会随时产生变化；同时当区域性经济形势不好时，订单数量就会减少，企业的生产能力就会被闲置，甚至会威胁到企业的生存。

（2）外协范围小。我国中小企业很多，生产能力有限，每个企业的生产范围也各不相同。当企业接单后，由于缺少某种生产资源，如高端的数控机床等，任务的外协成了必要的选择。在传统制造业环境下，外协的范围也比较小，一般为当地的企业。由于可选择的资源少，外协的成功率和质量就不能保证。

（3）信息资源缺乏。传统制造业企业在生产过程中，一般是根据技术人员的经验进行设计制造的，企业之间缺乏相关技术的交流，缺乏对前沿行业的动态追踪。由于其的相对封闭性，传统企业必然面临各种信息资源的匮乏，如项目任务建模方面的知识以及近期行业内热门的产品等信息。从长期来看，信息的滞后会使传统企业的发展落后于行业水平。总之，在传统模式下，制造业企业的灵活性较差，抗风险的能力不足。从整个国家的角度看，传统企业生产管理模式造成了现在各个中小微制造业企业间缺乏信息交互和资源互补，与当前信息化的大趋势不相适应，不利于生产力的整合，拖累了我国从制造业大国向制造业强国迈进的步伐。

2. 云制造环境下制造业生产管理模式的深刻变革

云制造的主要特点是资源整合、产业融合和定制生产。在资源整合方面，云制造能够将分散的制造资源（如软件、数据等）集中起来，形成逻辑上统一的资源整体，提高资源利用率，进而突破单一资源的能力极限。除此之外，云制造能够促进产业融合，特别是促进制造业与服务业融合，进一步拉长产业链。云制造所依托的互联网、物联网、云平台等，有利于企业了解产品的销售和使用情况，了解消费者对产品的满意度；有利于企业根据消费者的意愿和需求对产品的结构、功能等进行调整，并提供及时、到位的服务，从而促进生产与市场、生产与消费有效对接。另外，云制造能够实现个性化定制生产。传统生产模式中的企业需要根据市场调研结果决定生产的产品品种和数量，产品经过商业渠道到达消费者手中。电子商务消除了传统生产模式中生产者与消费者之间的沟通障碍、时空障碍、交易障碍，可以用 C2B 模式代替 B2C 模式。在云制造中，企业可以以大数据平台为基础、以柔性化生产为依托，根据客户需求进行个性化定制生产。

2017 年，工业云迎来了更大的发展，工业和信息化部推动 16 个试点省市工业云平台功能完善、业务创新和服务提升；重点推动智能传感器、分布式控制系统、数据采集与监控系统等研发和产业化，实施工业技术软件化工程，提升工业软件的集成应用能力，夯实工业云平台基础技术；在打造产业生态、强化技术产业支撑方面提供政策支持，通过试点示范引导更多企业参与工业云平台建设和模式创新，开启我国工业领域“云”时代。

云制造平台集合了大量的、分布广泛的制造企业及其服务企业等，各企业相互之间的沟通合作频繁，这样使可供企业选择的制造资源及服务不再具有数量上的稀缺性和地理上的局限性。因此，在云制造环境下，企业的生产管理模式特别是项目任务管理、执行流程也会越来越灵活、高效、优化，较传统模式会有很大的改进。

从图 2-5 中可以看出，在云制造环境下的企业生产管理过程是企业和云制造平台合作完成的。在订单获取、任务分解与建模、任务执行模式选择、任务监控、云制造平台信息挖掘共享等方面，云制造环境对制造业生产管理方式都产生了积极影响。

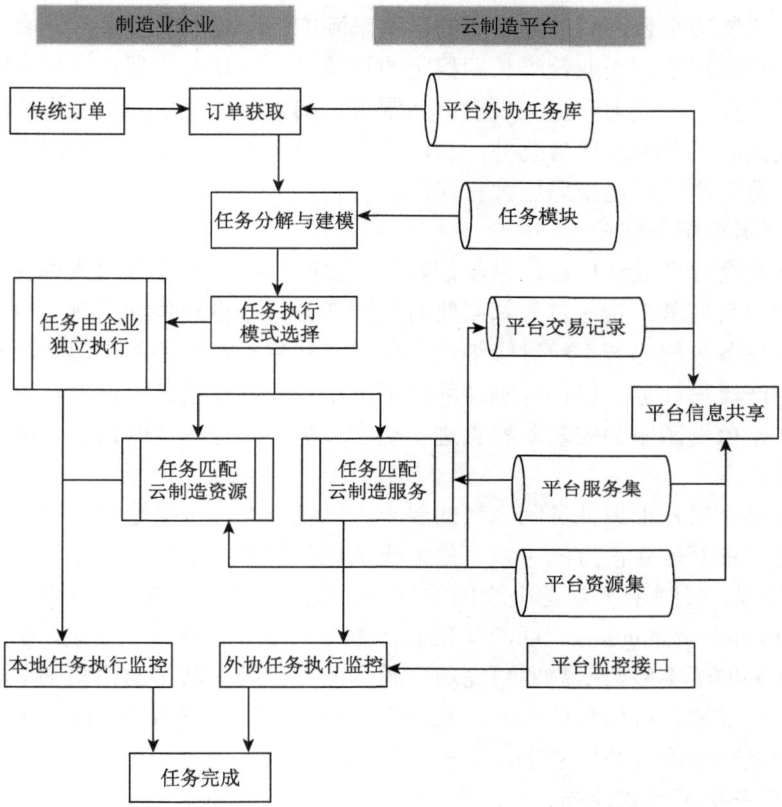

图 2-5　云制造环境下制造业企业项目任务流程图

1）订单获取

云制造平台有大量的企业级用户，他们一般来说既是任务的提供者，也是任务的需求者。每个用户都将需要外协的任务上传到云制造平台，组成了庞大的待外协任务库，供相关生产企业根据任务类型以及企业生产能力进行选择及申请。

企业级用户的任务获取也分为主动和被动两种情况。主动情况为企业在云制造平台上输入需求任务的属性信息进行搜索；被动情况为云制造平台根据企业注册的信息、搜索历史和交易历史等自动匹配任务库中的任务信息，然后将相关任务信息推送到具有生产能力的目标企业。

当平台加盟企业对云平台上的某项外协任务有意愿时，可以通过云制造平台与任务提供企业进行沟通，当双方企业就订单价格、完成质量及完成时间等因素协调一致时，可在云制造平台上注册交易信息，至此就完成了订单获取的工作。

基于云制造平台，制造业企业的订单来源广泛，订单类型多样，有利于当前大多数中小微制造型企业获得长期稳定的订单供给，从而合理地安排生产计划，稳步提升企业生产能力和生产规模。从国家范围来看，订单的大范围流动可以使不同地区的制造业形成优势互补，利用订单的导向性作用引导企业的生产方向，对我国制造业产业优化布局也大有裨益。

2）任务分解与建模

制造业企业获取订单后，也就是获得了生产任务。与传统模式相同，对于不同来源的项目任务，企业首先都需要对生产任务进行进一步细分解，也就是将粒度较粗的任务分解为若干粒度较细的子任务，然后根据任务的分解情况合理安排企业的生产流程计划。但在云制造环境下，企业可以灵活、方便地结合生产任务和云制造平台资源服务的基本特点进行综合分析，制订出耗时最少、成本最低的任务分解方案。

任务建模就是根据任务制定者的要求，以统一的任务描述格式来存储任务的各种信息。良好的建模方法可以有效地表达任务的详细信息，是企业信息化水平的重要指标。云制造平台是个通用的平台，提供了基于 XML 和统一建模语言（unified modeling language，UML）的任务模型对企业任务进行封装，企业用户只需填写任务的基本参数信息即可完成建模，而无须考虑其中的建模细节。标准的任务模型在描述任务信息的同时，有助于任务与云制造资源服务的匹配，同时提高了云制造平台的普适性水平。

3）任务执行模式选择

制造业企业任务分解与建模完成后，将根据企业的生产能力及时间资金安排，确定出各项任务的执行模式，即由企业独立执行的任务、执行过程中需要租用云制造资源的任务或者需要由云制造服务完成的外协任务共三种模式。对于处于后两种执行模式的任务，云制造平台将为其提供执行所需的云制造资源或者云制造服务。云制造资源的利用方式一般采用远程调用、现场使用等；云制造服务的利用方式比较单一，即任务外协。对于外协任务，将根据其基本信息如任务名称、类型等，调用云制造平台的资源服务管理系统检索符合关键字匹配要求的候选服务集，一般候选服务集包含若干符合条件的服务节点。在得到任务的候选服务集后，企业可以调用资源服务系统的选择调度模块，根据任务的 TQCS（时间、质量、成本、服务）等约束条件来对候选服务集进行选择调度。选择调度的目的是运用相关运筹学方法对候选服务集进行排序，从而选择最优资源服务节点。服务选择调度是多目标决策的过程。

4）任务监控

企业任务完成分解与建模，任务执行模式确定后，本地任务在企业内部完成，外协任务在服务提供企业完成。由于一些不可预料的因素，任务的实际执行情况会与计划的情况有所不同，因此，需要对任务执行情况进行监控，记录各个子任务的实时状态信息，监督任务的执行进度，进而根据反馈的数据信息实现企业的工作流管理、修改相关任务的执行计划及调整项目整体流程等。

根据任务的不同类别，任务监控分为非外协任务监控和外协任务监控。云制造环境下的外协任务监控主要取决于多个参与企业、云制造平台的多方协作能力。主要步骤为：任务外协成功后，云平台为该任务提供一个任务监控接口，同时将监控接口的状态由关闭调为开启，并且该接口只对双方企业和平台运营商开放。监控数据将存放在云制造平台数据库中，作为企业任务信息存档。

外协任务的状态可以分为等待执行、正在执行中、已完成、遇到异常情况中断和终止共五种。其中，任务处于等待执行状态时，任务监控接口处于空闲状态；任务处于正在执行中状态时，企业通过任务监控接口可以获得任务执行实时画面和运行设备部分数据信息，如数控机床的转速、温度等，同时任务执行进度信息也会实时更新并上传到云制造平台；任务处于已完成状态时，任务监控接口处于关闭状态。前三种状态为正常状态，遇到异常情况中断和终止为非正常状态。任务处于终止状态时，当前交易失败，企业将重新把该外协任务发布到云制造平台上进行服务匹配，此时需要记录外协任务的中断点，以便下次外协时能从该中断点开始执行；任务处于遇到异常情况中断状态时，企业将根据异常状态能否恢复正常和所需恢复时间来决定将该任务终止还是等待服务恢复正常。

5）云制造平台信息挖掘共享

在云制造环境下，企业项目任务流程中的很多步骤都是利用云制造平台的海量数据信息完成的。企业获取订单依靠的是云制造平台的海量任务库（包括历史任务信息和当前任务信息），云制造平台将对各种类型的任务进行统计分析；企业任务建模可以依据平台已有的任务模型；企业任务执行过程中需要利用云制造平台海量资源服务集中的候选资源服务，平台将对各种资源服务进行统计分析对比；云制造平台提供的交易数据以及用户数据等为制造业企业的生产决策提供宝贵的参考资料。

2.6　本章小结

本章首先介绍了博弈论及其在制造业服务管理决策中的应用研究、排队论及其在制造业服务管理决策中的应用研究、云制造环境下制造业服务资源优化配置及评价研究。其次本章对云制造环境下制造业服务资源供需匹配问题进行研究，介绍了云制造中供需匹配管理背景，对云制造环境下的制造能力与传统电子商务模式进行比较，分析了云制造环境下制造能力业务流程的供需匹配，对云制造环境下制造能力服务进行建模分析，最后提出云制造环境下制造能力服务管理平台。云制造环境下制造能力服务管理平台主要包括三个模块：一是基于元模型的制造能力服务管理模块；二是制造能力服务索引配置模块；三是基于 Solr 的分布式全文检索模块。云制造环境下制造业服务资源供需匹配管理对提高企业效益和效率有较大的启示和帮助。

最后，本章研究了云制造环境对制造业企业生产管理模式的影响及云制造环境下传统制造业的运营管理变革。云制造的主要特点是资源整合、产业融合和定制生产，云制造还能够实现个性化定制生产。

第 3 章　基于区块链的制造业科技服务资源管理分析

本章介绍基于区块链技术的制造业科技服务资源管理问题。首先介绍区块链及其在制造业中应用的现状与价值；其次介绍基于区块链的云服务模式；最后介绍基于区块链的科技服务资源管理与数据共享问题。

3.1　区块链及其在制造业中应用的现状与价值

本节介绍区块链的概念、区块链在制造业应用的背景与现状以及区块链在制造业中的应用价值。

3.1.1　区块链及其在制造业应用的背景

区块链（blockchain）是分布式数据存储、点对点传输、共识机制、加密算法等计算机技术的新型应用模式。区块链本质上是一个去中心化的数据库，是一串使用密码学方法相关联产生的数据块，每一个数据块中包含了一批次比特币网络交易的信息，用于验证其信息的有效性（防伪）和生成下一个区块。区块链利用技术建立了新的信任方式，作为构造信任的机器，可能彻底改变整个人类社会价值传递的方式。区块链最核心的革命特性是改变了落后的信用机制。

1. 区块链在制造业中应用的国际背景

从国际上看，世界主要发达国家和经济体都非常关注区块链在制造业中的应用。例如，欧盟科学中心在 2019 年 9 月举行的经济合作与发展组织（Organization for Economic Co-operation and Development，OECD）区块链论坛上发布了《区块链：当前和未来》（*Blockchain now and tomorrow*）报告。该报告通过识别区块链技术在多个领域的应用和潜在应用对区块链进行了多维度的分析，重点探讨了区块链在制造业中的应用。截至 2018 年 12 月 31 日，区块链初创企业数量最多的是美国，其次是中国。欧盟在全球区块链初创生态系统中仅占 15%份额。中国是 2017～2018 年唯一一个区块链初创公司数量增长的国家。

图 3-1 反映了全球区块链初创企业从事的主要经济活动，其中占据主导地位的两大类型是“商业和金融服务”（672 家公司）和“信息技术”（568 家公司）。

前者包括从事支付和交易处理、投资服务、数据管理、广告和营销的公司。后者包括为企业应用程序、垂直市场应用程序、网络管理、数据库以及医疗保健开发软件的 IT 公司。“消费者服务”领域相关的有 215 家区块链初创公司，这些公司提供与在线社区、通用媒体和内容、购物便利以及教育培训和娱乐相关的服务。

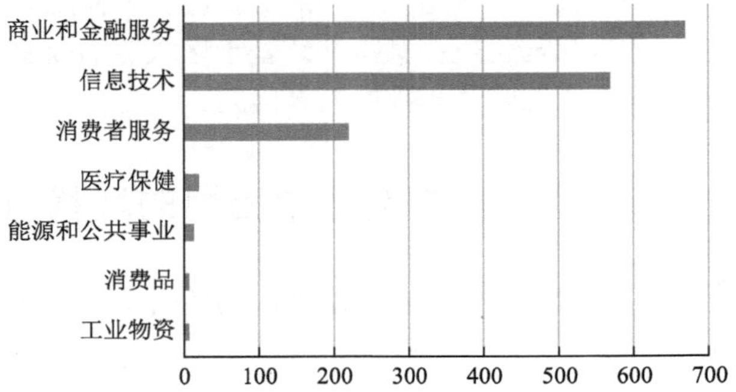

图 3-1　全球区块链初创企业的领域分布

资料来源：2019 年 OECD《区块链：当前和未来》报告。

德国经济与能源部和德国财政部于 2019 年 9 月 18 日联合发布了《德国国家区块链战略》，鼓励区块链与工业 4.0 的结合与应用，其战略的目标是：确保稳定、鼓励和支持创新、保护数据、传播区块链知识。与欧盟的报告相比，德国关于区块链的战略更加实际，战略主要集中于金融应用，列出了区块链项目投资、可持续性等。

2. 区块链应用的国内背景

在我国，区块链已上升为国家战略高度。2019 年 10 月 24 日，中共中央政治局就区块链技术发展现状和趋势进行第十八次集体学习，习近平总书记强调，区块链技术的集成应用在新的技术革新和产业变革中起着重要作用。我们要把区块链作为核心技术自主创新的重要突破口，明确主攻方向，加大投入力度，着力攻克一批关键核心技术，加快推动区块链技术和产业创新发展[①]。2020 年 4 月，国家发展改革委首次将“区块链”列入新型基础设施的范围，明确其属于新基建的信息基础设施。在国家政策、基础技术推动和下游应用领域需求不断增加的促进下，我国区块链行业市场规模不断发展，地域集中度较高，产业集群效应明显。随着区块链技术成熟程度的不断增加，区块链行业正处在从 2.0 向 3.0 迈入的努力阶

① 资料来源：http://www.gov.cn/xinwen/2019-10/25/content_5444957.htm.

段，在金融、交通运输、物流、版权保护等领域有着良好的表现，为推动我国数字化建设、加快数字中国进程贡献了巨大的力量。

从行业和企业来看，在 2018 年《财富》杂志公布的世界 500 强榜单上，中国公司达到了 120 家，而美国有 126 家，日本有 52 家。互联网行业的公司排名大幅提升，其中包括京东、阿里巴巴、腾讯、亚马逊、谷歌母公司 Alphabet 和社交媒体巨头 Facebook。2018 年《财富》世界 500 强榜单表明，上榜的 120 家企业中有 46 家不同领域的企业都涉足区块链，区块链作为技术革命，正深刻影响着我国各个行业的发展，值得企业界和学术界广泛关注。

3. 区块链在抗击新冠肺炎疫情中发挥重要作用

2020 年 3 月初，国务院国有资产监督管理委员会监管的央企复工复产率已超 90%，在央企的带动下，中小企业复工复产率也在稳步提升。央企作为产业“火车头”的带动力，也作用于区块链领域，央企参与的区块链正在协同产业链的中小微及服务机构快速上链。中国链网的雏形已经显现。据统计，截至 2019 年 12 月，国务院国有资产监督管理委员会管理的 96 家央企中，已有 32 家明确涉足区块链领域，占比升至 1/3。

4. 区块链在制造业物流服务与供应链管理中的应用相关政策

随着区块链上升为国家战略并纳入“新基建”，区块链发展进入与制造业物流、供应链领域深度融合的新阶段，并相继在物流金融、供应链金融、电子运单、电子仓单、供应链协同、商品溯源等场景落地应用，物流与供应链领域成为区块链技术应用的重要场景之一。2019 年 10 月 24 日中共中央总书记习近平在主持中共中央政治局就区块链技术发展现状和趋势进行的第十八次集体学习时强调，区块链技术的集成应用在新的技术革新和产业变革中起着重要作用。他指出，区块链技术应用已延伸到数字金融、物联网、智能制造、供应链管理、数字资产交易等多个领域[①]。国家互联网信息办公室发布的《区块链信息服务管理规定》提出了在中国从事区块链信息服务应当遵守的规定，并指出“区块链信息服务”是指基于区块链技术或者系统，通过互联网站、应用程序等形式，向社会公众提供信息服务，该规定自 2019 年 2 月 15 日起施行。2020 年 8 月 22 日，国家发展改革委会同 13 个部门和单位联合印发的《推动物流业制造业深度融合创新发展实施方案》指出，要积极探索和推进区块链、5G 等新兴技术在物流信息共享和物流信用体系建设中的应用。2020 年 6 月 30 日，北京市人民政府发布了关于印发《北京

① 资料来源：http://www.gov.cn/xinwen/2019-10/25/content_5444957.htm.

市区块链创新发展行动计划（2020—2022 年）》的通知。北京市已正式将区块链与产业融合应用纳入全市战略规划。

3.1.2　区块链在制造业应用的现状

区块链技术自诞生以来，受到了学术界和企业界的广泛关注（袁勇和王飞跃，2016），其应用场景已经从最初的数字货币领域延伸到了物联网、智慧医疗、法律、经济、艺术等多个领域（侯衡，2018）。区块链技术集成了加解密技术（祝烈煌等，2017）、数字签名、分布式计算（王毛路等，2018）、共识算法（Feng et al.，2018）、Hash 映射等多种技术，具有去中心化、交易数据可追踪（王继业等，2017）、区块数据多重备份（何蒲等，2017）的特点，为社会诸多应用提供了可信、可靠、安全的技术集成（Feng et al.，2019），因此，区块链技术是构建可信社会的一种有效的解决方案，在数据保护（郝世博等，2018）、电子政务（余益民等，2019）等方面越来越受到人们的认可。

近年来，国内学者针对区块链技术发表了一系列学术研究论文，推动区块链在现实中的应用。王金丽等（2020）以国内发表的高质量论文为研究对象，从文献发文量、重要文献、关键词、聚类等角度进行统计，并利用可视化分析软件 CiteSpace 进行图谱展示（Wang et al.，2019），给出了区块链研究的现状、热点领域、关键技术和发展趋势。

区块链技术可用于企业进行数字化转型，并且区块链技术在物流、能源等领域的合约签订和文档验证方面有很多潜在的应用。

3.1.3　区块链在制造业应用的价值

国家发展改革委中国国际经济交流中心研究员、教授级高级经济师萧新桥 2020 年 3 月在光明网发表的文章中表示，区块链最大的商业价值潜力是制造业，它能够有效地解决工业互联网领域的价值互信问题，实现对既有制造业商业模式的重构。

（1）区块链用于防止数据操纵和篡改，提升数据的安全性。随着数字化和工业物联网的发展，制造业已经成为黑客攻击的第二大目标。由于区块链采用了全新的方法来存储信息，可以防止数据操纵和篡改，进一步提升了数据的安全性。

（2）区块链可以解决制造企业的公信问题。在制造企业的供应链管理中，区块链技术可以帮助制造企业解决原料的公信问题。在初始的原材料供应商选择上，通过构建基于互联网的联盟链，可以帮助企业检测假冒伪劣的原材料，并且区块链技术能以较低的成本有效地消除供应链中各种潜在的信任危机。

（3）区块链能改善供应链的可追溯性。由于区块链是一个不可更改的点对点的数据存储系统，它可以确保数据不会因某个节点故障而丢失。所以，当制造商将重要文件通过区块链技术进行传输和保存时，就不用担心中途会丢失。

（4）区块链可以改善供应链管理。区块链的价值在于无法删除或修改，能有效打击仿冒及追踪供应链上的产品的行为等。区块链可以简化供应链中的许多流程，最终使企业、供应商和客户都受益。

（5）区块链可以提升制造业的综合效率。它可以解决制造业中的设备管理、数据共享、多方信任协作、安全保障等问题，对于提升工业生产效率、降低成本、提升供应链协同水平和效率，以及促进管理创新和业务创新具有重要作用，区块链技术的核心价值在于由多方见证和不可篡改带来的数据真实性，在实际应用中表现出很高的综合效率。

（6）区块链可以提高政府管理部门的政务管理水平和效率。区块链上的数据是公开共享的，政府监管部门参与区块链节点的数据记录并实时监管链条上的数据，消费者可以通过查询产品的数字 ID 知悉产品从原材料采购、生产加工环节、物流运输配送和销售情况的具体信息，提高了消费者对于国家质量的认可度；同时也提高了食品安全和产品质量，相当于通过提高系统的可追责性降低了系统的信任风险。

3.1.4　区块链在制造业中的应用实例

目前，有一些区块链应用的例子。例如，IBM 将其开发的 Food Trust 区块链平台应用到沃尔玛和其他大型零售商来跟踪从农场到货架的食品；英国区块链技术开发服务平台 Everledger 已开始从事钻石等高端产品的区块链溯源；奢侈品集团 LVMH 正在推出区块链溯源平台 Aura 以提供奢侈品的追踪和验证服务等。同时，世界知名的四大汽车制造商专注于区块链技术在汽车领域的应用。例如，2018 年 5 月，宝马、福特、通用和雷诺四大汽车制造商宣布加入移动开放区块链计划（mobility open blockchain initiative，MOBI），主要专注于探索区块链技术在汽车和移动领域的应用潜力，成为规模最大的专注于区块链技术在汽车领域应用的联盟。在汽车行业中，区块链技术可应用的范围包括数据追踪、支付、消费者融资以及定价等多个领域。

区块链可用于制造业中的产品溯源问题。例如，对于一家大型制造商（如大型车企、家电制造企业或手机装配商），通常对每个零部件供应商的追溯性管理的做法是：要求供应商都采用统一标准的电子标签或射频识别（radio frequency identification，RFID），或者在收到供应商的零部件后重新贴上企业内部的电子标签，这种做法既费时又低效。在使用区块链技术后，每个零部件在出厂时，可将电子标签做成加密数据块，在供应链的生产、销售等环节不断更新信息。每个最终产品的电子标签中都包含了基于区块链所有涉及的零部件的追溯信息，从而简化了可追溯性管理，减少了不同系统兼容问题所导致的数据错误或丢失。同时，避免了需要甄别市场中的仿制品而产生的额外成本。

3.2 基于区块链的云服务模式分析

云服务是利用云计算所提供的服务，只需简单的开发工作，便可以完成需要大量研发和运营时间成本的任务。近几年已经出现了很多云服务架构，典型的应用包括 IaaS、PaaS、SaaS。用户可以利用 PaaS 方便地在线管理开发应用；可以利用 SaaS 使用网络软件，比本地软件更方便迅捷；可以利用 IaaS 从完善的计算机基础设施获得服务。

区块链即服务（blockchain as a service，BaaS）（朱昱锦等，2020）是一种基于区块链技术的新型云服务，它是构建云端区块链生态的重要入口。微软在 2015 年 11 月推出了 BaaS 平台，IBM 在 2016 年 2 月推出区块链服务平台。IBM 在 2015 年 12 月发起超级账本项目（hyperledger project），微软也在 2015 年 6 月发布 Bletchley 计划。

在区块链即服务的模式下，区块链协议被用于维护基础的完全去中心化的分布式平台，在线记录，并且提供不可篡改、不可伪造、可验证性等功能。基于此平台，系统还需要提供各种辅助功能，以帮助系统对外提供各种各样的云服务，如分布式存储可以帮助持久化记录用户文档，加密算法可以帮助保护用户隐私数据，智能合约机制可以帮助实现各种自动化的认证服务等。区块链即服务模式应该为了满足用户需求，而不断整合功能模块进入系统，在区块链的账本记录之上，提供丰富的云服务（朱昱锦等，2020）。

区块链即服务作为近两年新兴的技术平台，可以帮助企业、政府及开发者更快速、低成本地构建专属的区块链联盟链网络。同时，区块链与云计算基础设施的融合也是技术发展的方向，在复杂、异构的多云环境中，区块链即服务平台将成为数据“跨云”交换连接的桥梁。鼓励区块链龙头企业、科技公司、互联网企业积极推进区块链技术和云计算技术的融合，开放普惠、易用的区块链基础设施，帮助企业和政府以较低的成本接入和应用区块链技术，真正实现区块链底层技术的“开箱即用”。

朱昱锦等（2020）设计了区块链即服务的通用三层架构模型（图 3-2）：第 1 层是基础设施层，负责数据存储、检索、修改、删除，封装了数据存储的底层细节，对外提供统一的应用程序编程接口（application programming interface，API）；第 2 层是中间层，在基础设施之上扩展了更多协议，使用区块链和分布式文件系统基础架构实现各项点到点的直接通信协议，并且实现了区块链与区块链外界交互信息的相关协议等，进一步拓展了区块链的使用场景；第 3 层是服务层，封装以上所有功能，结合用户需求，抽象出用户需要的相关服务，并提供相应接口支持未来的可扩展性，简化用户的开发工作。

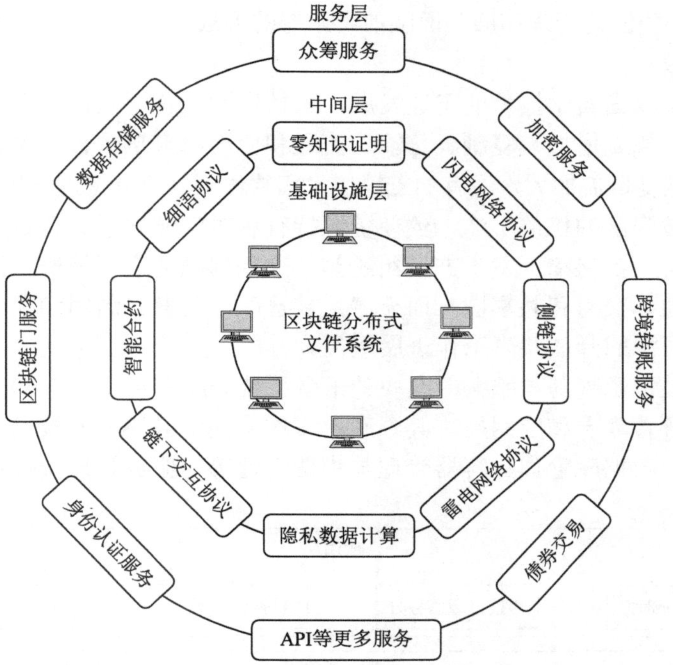

图 3-2　区块链即服务架构图（朱昱锦等，2020）

3.3　基于区块链的科技服务资源管理与数据共享分析

本节介绍面向科技服务资源管理的区块链平台系统构建，以及基于区块链的科技服务数据共享实现。

3.3.1　面向科技服务资源管理的区块链平台系统构建

科技资源是重要的国家战略资源，是当前国际竞争的重要领域，深刻影响着各国经济的发展、国家的安全、科技的进步和综合竞争力。近年来，随着 2018 年 4 月国务院办公厅《科学数据管理办法》、2018 年 2 月科技部和财政部《国家科技资源共享服务平台管理办法》等重大政策的出台，我国科技资源开放共享得到了快速的发展。目前已经建立了中国科技资源共享网，以及包括 20 个国家科学数据中心和 30 个国家生物种质与实验材料资源库在内的国家科技资源共享服务平台，并且制定发布了国家科技平台科技资源核心元数据、科技资源标识等方面的一系列标准。其中，中国科技资源共享网（https://www.escience.org.cn）是国家平台的科技资源信息发布平台和网络管理平台，按照统一标准接受和公布科技资源目录及相关服务信息，具备承担平台组建、运行管理和评价考核等工作的在线管理功能。同时，我国科技资源的管理和服务面临前所未有的挑战（种国双等，2019；周宏虹和伍诗瑜，2019）。

（1）随着我国科学技术的飞速发展，科技资源（科学数据、生物种质、科研仪器设施等）急剧增加，复制、传输、流通和使用越来越频繁，对异构异质科技资源的管理难度日益加大，现有的支撑技术和软件工具还有待进一步优化和完善。

（2）科技资源的权益不清，致使资源持有者对资源共享心有疑虑，担心开放共享后权益得不到保障、发生产权纠纷等。这些问题造成科技资源闲置浪费，严重流失，流通、交易和共享困难而无序，被篡改、窃取、滥用和误用的现象时有发生，科技资源的开放共享工作进展缓慢。

面向科技资源管理与服务的区块链平台系统分成三层（图 3-3），分别是底层支撑层、服务管理层和应用层。其中底层支撑层提供区块链的技术支撑，实现弹性存储管理、数据库管理、容器管理与集群管理等；服务管理层包括智能合约管

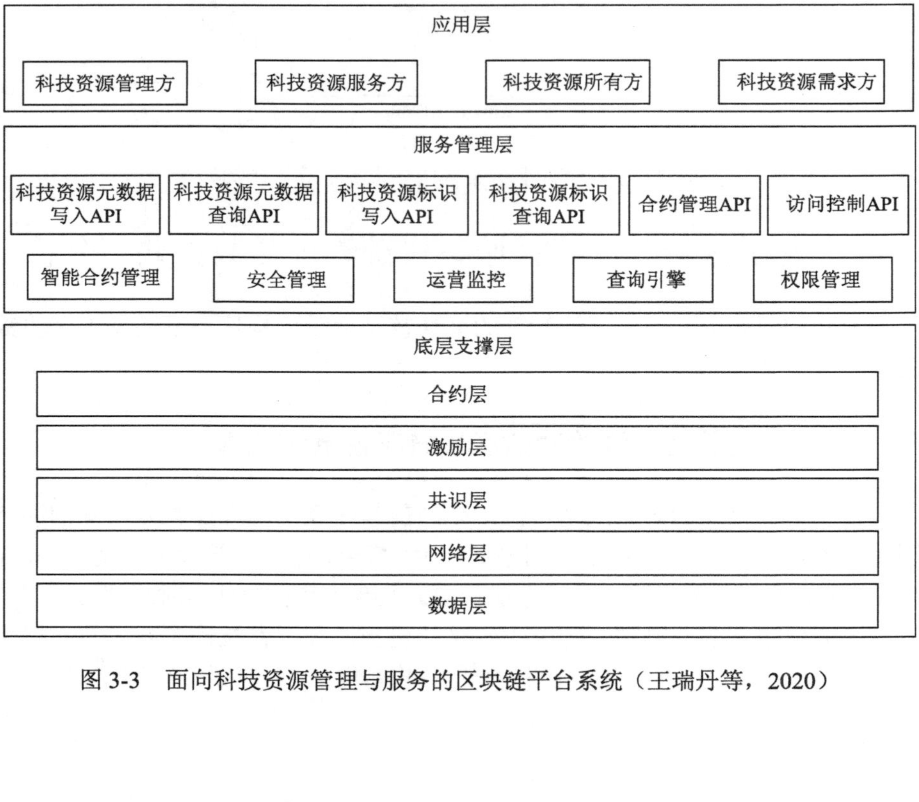

图 3-3 面向科技资源管理与服务的区块链平台系统（王瑞丹等，2020）

理、安全管理、运营监控、查询引擎、权限管理等核心服务，并向上层提供区块链读写、合约管理和访问控制的接口；应用层构建面向科技资源管理与服务的应用，包括科技资源管理方、科技资源服务方、科技资源所有方和科技资源需求方（王瑞丹等，2020）。

王瑞丹等（2020）针对科技资源“采集—加工—汇交—保存—共享—应用”全生命周期的各个环节，尝试基于区块链技术解决科技资源的可信认证和权益认证等问题，切实保护科技资源的知识产权，进而有效地推动科技资源的流通、交易与共享，促进我国科技资源管理与服务的发展。

应用模式构建方面，利用科技资源管理与服务联盟链，不仅能够实现我国科技资源管理与服务的现有应用模式，还可以紧密结合区块链的技术特点，构建科技资源溯源等新型应用模式。其中基于区块链的科技资源溯源有以下特征。

（1）根据科技资源的全生命周期划分，将各个环节的新增信息和信息变化打包成区块，加上时间戳之后，根据时间顺序上链，与科技资源的“采集—加工—汇交—保存—共享—应用”轨迹很好地对应起来。

（2）科技资源链上的信息不可篡改。每项科技资源的区块链信息在所有者、数据中心（生物种质库）和共享网上都有备份，很好地避免了数据篡改的问题。

（3）信息存储的安全性。在区块链的信息记录中，参与的对等节点是多家，因此很好地解决了单中心节点恢复能力弱的问题。在提供基于区块链的科技资源溯源访问服务后，科技资源的管理难度将大为降低。由于科技资源管理与服务区块链的实时记录及其不可篡改、公开透明的特征，如果科技资源在某个环节出现了流失、篡改或伪造等问题，可以很容易地根据溯源访问查找到对应的责任方。对于多次出现科研诚信、商业诚信等问题的个人或者机构，还可以通过设置智能合约的方式，自动地向有关第三方提醒可能存在的安全隐患（王瑞丹等，2020）。

3.3.2　基于区块链的科技服务数据共享实现

科技服务业是第三产业，具体指服务者运用科学知识、技术以及信息数据为服务对象提供高效智能的服务（杨仲基等，2019）。科技服务数据的整合与共享是推动科技服务模式创新的基础。针对传统科技服务数据的融通共享问题，出现了数据集成、数据交换等技术（鲍志彦和赵乃瑄，2020），在多源异构的科技服务数据整合与存储上，目前主要有数据仓库和云存储的方法（Wang and Song，2018）；大数据、云计算、物联网等新技术正逐步应用到科技服务数据管理中，基于大数据分析和云计算等技术，可以解决数据分散各地的孤岛效应问题，有利于提升数据共享、管理和存储的效率。但以上技术和方法都受限于中心化的存储技术与管理方式，容易产生数据信任问题，数据链也未得到有效整合，数据在共享交互过程中无科技服务数据共享的实现机制。

近年来，国内外许多研究人员和机构运用区块链即服务在数据共享领域进行了探索和实践，例如，ProvChain 支持基于云计算的数据分析、数据验证的区块链服务（Liang et al.，2017）。然而，与其他领域相比，区块链即服务（朱昱锦等，2020）在科技服务数据共享方面的应用研究相对较少，现有文献大多从科学数据平台的角度探讨系统架构的构建，较少考虑到后续的科技服务数据共享的过程和实现，也较少深入技术层面探讨区块链智能合约和混合加密技术在科技服务数据共享中的作用。

科技服务数据共享的过程是指，对科技成果在产业化进程中形成的数据，通过智能合约和混合加密技术，在联盟链和数据源中实现安全可靠的数据收集、整合与存储，在科技服务数据平台和联盟链之间为数据请求者提供数据的访问与共享。基于以上科技服务数据共享的系统结构，融合 BaaS 的相关原理，徐尚英等（2021）提出了融入 BaaS 的科技服务数据共享的系统结构和实现机制，将实现特定功能的基本模块按照工作流程有机整合，提出了整体的数据交互流程。如图 3-4 所示，步骤 1 和步骤 2 为科技服务数据收集整合过程，步骤 3、步骤 4 和步骤 5 为科技服务数据共享过程。

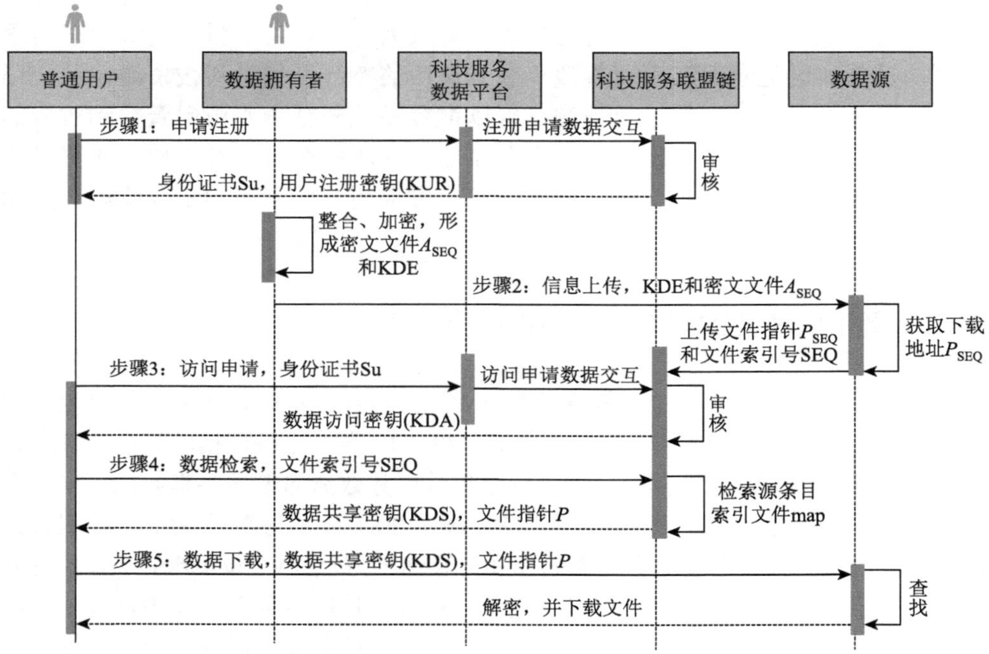

图 3-4　科技服务数据平台的数据交互流程（徐尚英等，2021）

如图 3-4 所示，步骤 1 中数据请求者或数据拥有者向科技服务数据平台提交注册申请，由身份管理合约（identity manage contract，TS-IMC）自动审核，通过后发放身份证书 Su，再通过混合加密技术生成用户注册密钥对 KURprive 和 KURpub。数据拥有者除了生成用户注册密钥（user registration key，KUR）之外，还需证明自己拥有数据的所有权，需通过哈希算法将用户注册私钥 KURprive 生成所有权验证密钥（provenance verification key，KPV）。采用混合加密技术和 KPV 将文件加密，生成文件加密密钥（data encryption key，KDE）和密文文件 A_{SEQ}。步骤 2 将分类正确的 KDE 和密文文件 A_{SEQ} 上传至数据源中，获取下载地址 P_{SEQ}，上传文件指针 P_{SEQ} 和文件索引号 SEQ（即 sequence）。步骤 3 通过身份证书 Su 推出访问申请，进行访问，申请数据交互，通过审核后，获得数据访问密钥（data access key，KDA）。步骤 4 为数据检索。通过文件索引号 SEQ，按照源条目索引文件 map 格式进行记录，获取数据共享密钥（data sharing key，KDS）和文件指针 P。步骤 5 为数据下载。通过 KDS 和文件指针 P，查找、解密并下载文件。

3.4 本章小结

本章介绍基于区块链技术的制造业科技服务资源管理问题。首先，介绍区块链的概念及其在制造业中的应用现状与价值。其次，介绍基于区块链的云服务模式。基于区块链的云服务模式“区块链即服务”成为构建云端区块链生态的重要入口，它由基础设施层、中间层和服务层三层组成。最后，介绍基于区块链的科技服务资源管理与数据共享问题。科技资源作为重要的国家战略资源，是当前国际竞争的重要领域，深刻影响着我国经济的发展、国家的安全、科技的进步和综合竞争力。本章将面向科技资源管理与服务的区块链平台系统分成三层，分别是底层支撑层、服务管理层和应用层，介绍了融入区块链即服务的科技服务数据共享的系统结构和实现机制。总之，区块链技术在制造业科技服务资源管理和应用中起着越来越重要的作用。

第三篇　应　用　篇

第4章 云制造环境下北京现代制造业服务发展现状分析

本章分析云制造环境下北京现代制造业服务发展现状。首先分析北京现代制造业及服务业发展现状；其次分析北京云制造行业发展现状；再次分析云制造环境下北京制造业服务资源需求现状；最后对云制造环境下北京现代制造业服务资源共享现状进行分析。

4.1 北京现代制造业与服务业发展现状

4.1.1 北京现代制造业发展现状

改革开放40年，是北京经济社会快速发展的40年，也是北京工业从计划经济走向市场经济、从规模速度型发展转向提质增效型发展的40年。2018年，北京市统计局发布《改革开放40年北京经济社会发展成就系列报告》工业篇，回顾北京工业的发展历程。北京工业加快进入减量集约、创新发展的新阶段，焕发出前所未有的新活力。

改革开放以来，北京工业不断发展壮大，总体实现良好发展。北京市工业增加值从1978年的70.2亿元发展到2017年的4274亿元，按可比价计算，年均增长8.7%。北京市统计局相关负责人表示，虽然伴随后工业化时期经济发展规律的演进及首都产业结构的战略性调整，第三产业已成为北京的主导产业，但工业依然是北京经济发展的支柱产业之一，更是全市创新驱动、经济转型升级的重要支撑。

2017年，工业增加值占北京地区生产总值的比重为14.3%，对北京市经济增长的贡献率为 12.8%，是支撑北京经济增长的重要力量。随着经济发展从追求规模、速度到聚焦质量效益的转变，北京工业提质增效效果显现，综合经济效益明显提高。在产出效率、效益方面，2017年，北京规模以上工业全员劳动生产率为40.2万元/人，是2001年的5.7倍，比全市社会劳动生产率高77.1%；主营业务收入利润率达9.8%，比2001年高5.2个百分点，为1990年以来的最高水平。降成本方面，2017年，每百元主营业务收入中的成本和费用为94.1元，比2001年降低4.2元。

北京市是中国高技术产业发展的先驱，经过 40 年的发展，高技术产业已经成为北京工业增长的重要支撑。根据统计数据，2017 年，北京高技术制造业企业占规模以上工业比重为24.6%，比2006年提高7.2个百分点；实现工业总产值3930.8亿元，比 2006 年增长 47.5%。

2017 年北京市现代制造业在经济总量上依然保持持续上升的态势。北京市统计局提供的数据显示，2016 年 1～12 月，北京市规模以上制造业营业收入为 19 858 亿元，同比增长 4.9%；现代制造业营业收入为 9950 亿元，同比增长 10.3%。2016 年 1～8 月，北京市规模以上制造业营业收入为 12 716 亿元，同比增长 5.4%；现代制造业营业收入为 6125 亿元，同比增长 1.2%。现代制造业 2017 年相比 2016 年增长速率明显增加。2016 年现代制造业占制造业的比重为 50%以上，由制造业与现代制造业的同比增长率对比来看，现代制造业带动制造产业增长明显。

结合表 4-1 和图 4-1 可以看出，2010～2014 年北京市规模以上制造业营业收入由约 14 700 亿元持续增长到约 19 811 亿元，2014～2015 年下降至 19 403 亿元，2015～2016 年，有所回升，至 19 858 亿元。2010～2016 年规模以上制造业营业收入整体呈现增长态势。

表 4-1 北京市规模以上制造业与现代制造业营业收入情况

年份	北京市规模以上制造业营业收入/万元	同比增长率/%	规模以上现代制造业营业收入/万元	同比增长率/%
2010	146 998 700	22.4	64 574 233	19.9
2011	155 041 416	8.2	66 393 460	5.6
2012	168 511 894	6.8	71 446 327	3.2
2013	189 848 237	6.7	83 744 506	14.1
2014	198 107 093	5.4	90 918 370	9.9
2015	194 033 441	–2.3	92 347 880	1.3
2016	198 583 657	4.9	102 134 952	10.6

数据来源：http://tjj.beijing.gov.cn/tjsj_31433/yjdsj_31440/gy_31782/2017.

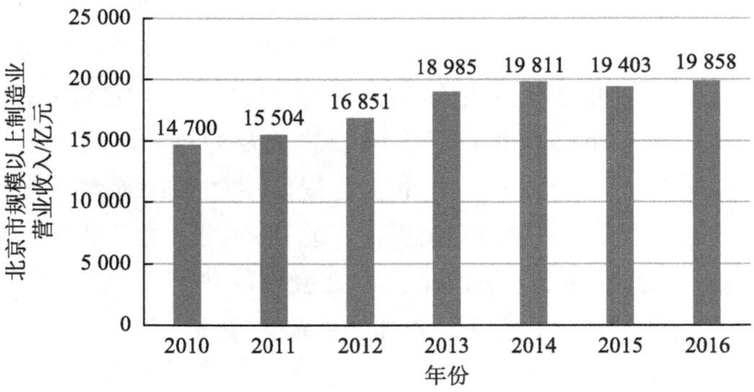

图 4-1 北京市规模以上制造业营业收入

结合表 4-1 和图 4-2 可以看出，2010～2015 年北京市规模以上制造业营业收入同比增长率持续下降，2016 年有所回升。其中 2010 年规模以上制造业营业收入同比增长率最高，达到 22.4%，2011～2014 年规模以上制造业营业收入同比增长率基本稳定在 5%～9%并持续下降，2015 年同比增长率为负值，呈现下降态势，到达最低，2016 年有所回升，达到 4.9%。

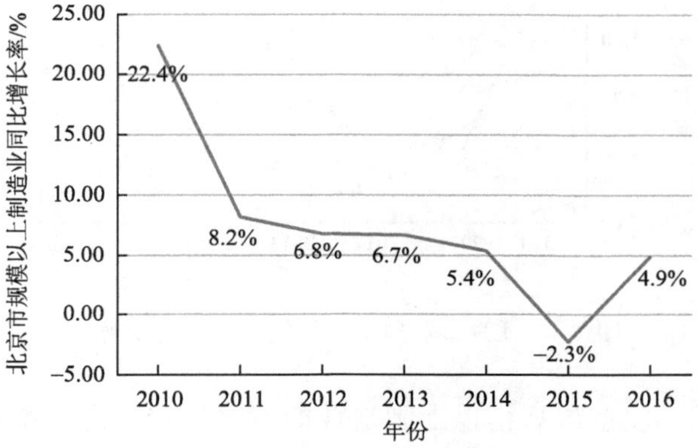

图 4-2　北京市规模以上制造业同比增长

结合表 4-1 和图 4-3 可以看出，2010～2016 年北京市规模以上现代制造业营业收入由 6457 亿元持续增长到 10 213 亿元，其中 2012～2014 年上涨趋势明显，2010～2012 年与 2014～2015 年上涨趋势有所放缓，2016 年有大幅回升。

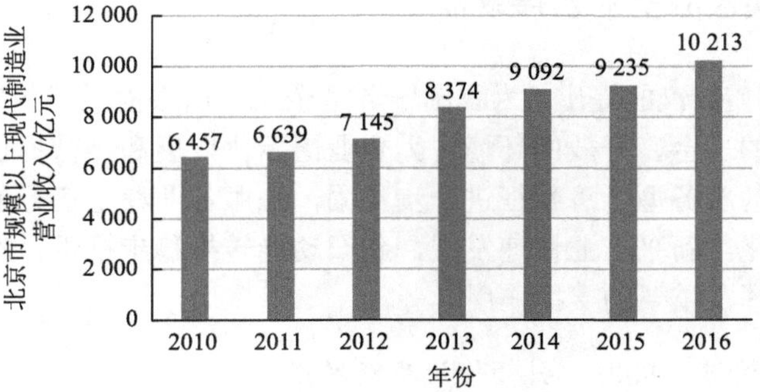

图 4-3　北京市规模以上现代制造业营业收入

结合表 4-1 和图 4-4 可以看出，2010～2016 年北京市规模以上现代制造业营业收入同比增长率呈现波动趋势，其中 2010 年规模以上现代制造业营业收入同比增长率最高，达到 19.9%，2010～2012 年规模以上现代制造业营业收入同比增长率持续下降，在 2013 年有所回升之后，2014 年、2015 年同比增长率继续呈现下降态势，2015 年规模以上现代制造业营业收入同比增长率达到最低点 1.3%，2016 年又有大幅回升的态势。

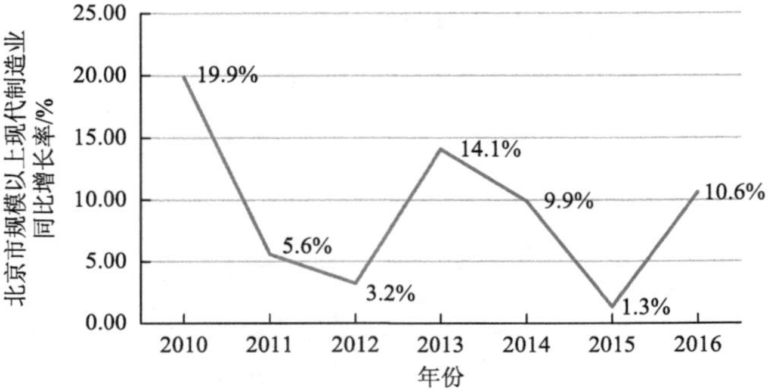

图 4-4　北京市规模以上现代制造业同比增长

从总量上看，北京市规模以上制造业的发展比较稳定，整体呈增长态势，2015 年有所下降之后开始回升，但是从增速角度来看，北京市规模以上制造业顶住了较大压力，2015 年同比增长率为负之后开始逐渐回升。从总量上看，北京市规模以上现代制造业的发展整体呈增长态势，从增速角度来看，北京市规模以上现代制造业波动较大，急需新的增长方式促进现代制造业提升。经济发展方式转变与北京市城市建设步伐的加快对现代制造业的发展提出了更高的要求。

4.1.2　北京现代服务业发展现状

“一带一路”倡议的提出，为我国服务型企业走出去提供了明确的方向、清晰的定位、广阔的平台、开放的环境，为企业国际化发展和经营提供了有利的宏观环境。北京市的服务型经济特征进一步稳固，在服务业稳定运行的同时，产业内部结构不断优化，新兴产业快速发展，新旧动能转换稳步推进，对全市经济稳增长、调结构发挥了重要的支撑作用。

1. 主导地位继续巩固，引领作用不断增强

2012～2016 年，北京市服务业总体保持平稳健康的发展态势，总量规模稳步扩大，占全市经济的比重逐年提高，主导地位进一步巩固。2016 年，北京市服务业实现增加值 19 995.3 亿元，占地区生产总值的比重突破 80%，达到 80.3%，比 2011 年提高 3.7 个百分点，对全市经济增长的贡献率达到 84.4%。按可比价格计算，服务业增加值年均增长 7.6%，高于地区生产总值年均增速 0.3 个百分点。

2. 内部结构不断优化，高端化趋势持续显现

以金融服务、信息服务、科技服务为代表的知识和技术密集型行业增势强劲，在服务业中的占比明显提高。2016 年，三个行业分别实现增加值 4266.8 亿元、2697.9 亿元和 2077.9 亿元，2012～2016 年年均增速分别为 12.7%、9.9%和 10.7%，均明显高于服务业平均水平；占服务业增加值的比重分别为 21.3%、13.5%和 10.4%，比 2011 年分别提高 3.5 个、1.5 个和 1.3 个百分点，在北京市“高精尖”经济结构构建中发挥了重要作用。而批发零售业、交通运输业等传统行业比重则有所下降，2016 年分别占服务业增加值的 11.8%和 5.3%，比 2011 年分别下降 5.4 个和 1.2 个百分点。

3. 发展主线日渐清晰，“双轮驱动”效果初显

立足于全国文化中心和科技创新中心的城市战略定位，北京市加快实施科技创新、文化创新“双轮驱动”战略，现代服务业和文化创意产业对外承接国际服务业转移，对内充分发挥首都资源优势，保持平稳较快的发展态势，成为新时期首都服务业转型升级的两条主线。2012～2016 年现代服务业和文化创意产业增加值平稳较快地增长，占地区生产总值的比重分别从 2011 年的 51.1%和 12.2%，提高到 2016 年的 59.2%和 14.3%，分别提高 8.1 个和 2.1 个百分点。

4. 新兴产业快速发展，动能转换稳步推进

随着北京市经济结构调整的深入推进，增长动力由要素驱动、投资驱动向创新驱动、消费驱动转换，以新技术应用为核心的新产业、新业态、新商业模式不断孕育发展，成为北京市服务业发展的新动能。2016 年，信息产业实现增加值 3797.6 亿元，占地区生产总值的 15.3%，较 2011 年提高 0.7 个百分点。“互联网＋”战略的实施，推动了供给端商品与服务创新，也促进了需求端消费潜力的释放。2012～2016 年，规模以上信息传输、软件和信息技术服务业法人单位收入年均增长 12.4%；其中，互联网和相关服务业收入年均增长 23.7%，对信息服务业增长的贡献率达 27.7%；占信息服务业收入的比重由 2011 年的 11.6%提高到 2016 年的 18.7%，以百度为代表的新一代互联网、云计算、大数据企业快速发展，充分发挥了引领带动作用。在新一代通信技术的应用与普及下，电信业实现了快速增长。截至 2016 年底，全市移动电话用户达到 3868.7 万户，是 2011 年的 1.5 倍，五年间年均增长 8.4%；移动互联网年接入流量为 3.3 亿 GB，是 2011 年的 9.3 倍，五年间年均增长 56.2%。

5. “引进来”与“走出去”并重，国际竞争力日益提高

随着北京市服务业的转型发展，服务业对外开放模式已由“引进来”为主，

向“引进来”与“走出去”并重转变，服务业国际竞争力得到明显提升。2016 年，北京市规模以上服务业外商投资企业法人单位实现收入 1.3 万亿元，占服务业收入的 13.5%，较 2011 年下降 0.7 个百分点。与此同时，服务业“走出去”步伐有所加快，服务外包发展方兴未艾。2016 年全市实现服务外包收入 49.1 亿美元，是 2011 年服务外包收入的 2 倍，年均增长 14.7%，形成了以信息技术、知识流程外包为主要特色的“走出去”服务，覆盖了全球 60 多个国家和地区，涌现出一大批知名外包企业，有力带动了相关领域国际竞争力的提升。

4.2 北京云制造行业发展现状分析

4.2.1 我国云制造行业发展历程

云制造理念是 2009 年由我国著名制造业信息化专家李伯虎院士率先提出来的。2010 年在国家科技计划的支持下，产、学、研、用等近 50 个单位，以集团级和中小企业的云制造应用为背景，在关键技术、支撑平台及应用技术方面，已取得阶段性成果。

2011 年 4 月 11 日商腾网正式发布，包括装备制造及服装行业在内，目前平台已经收集整理了 32 个行业、3286 种制造资源的知识库。已经建立起包括市场、销售、实施、客服、技术运维、技术研发等职能的一整套运营组织机构及管理体系。与中国铸造协会、四川省中小企业服务中心、沙溪镇人民政府、广东省工业化和信息化融合创新中心、宁波科技信息研究院等行业协会及地方政府组织开展了推广合作。示范企业覆盖装备、服装、铸造、照明、陶瓷、电器等制造行业。截至 2013 年 3 月 12 日，平台注册用户数已达 1647 家。

4.2.2 云制造服务平台类型

本章针对集团企业和中小企业这两种应用对象，重点研究集团企业云制造服务平台和中小企业云制造服务平台。

集团企业主要集中在石油、化工、烟草、航空航天等技术强大、资金雄厚的行业。集团企业由于下属企业之间对资源的重复建设，资源利用率低。

中小企业数量巨大，普遍存在人才缺乏、资金匮乏、经营管理水平落后以及产业协作能力低下等问题。云制造服务平台就是为了针对当前企业存在的问题，改造整个制造行业，盘活制造资源、优化配置，提高利用率。

4.2.3　云制造平台发展情况

1. 云制造平台技术框架架构

基于云计算平台的云制造平台建设的整体思路是将异构的制造资源服务采用统一的模型进行表达，对上层的各服务应用模块及云制造平台用户、第三方系统提供一致的服务模型，从而使制造平台架构能够支持不同的服务管理（如服务优选）、制造资源虚拟化实现方案，体现云制造平台演进发展的思路，见图 4-5。

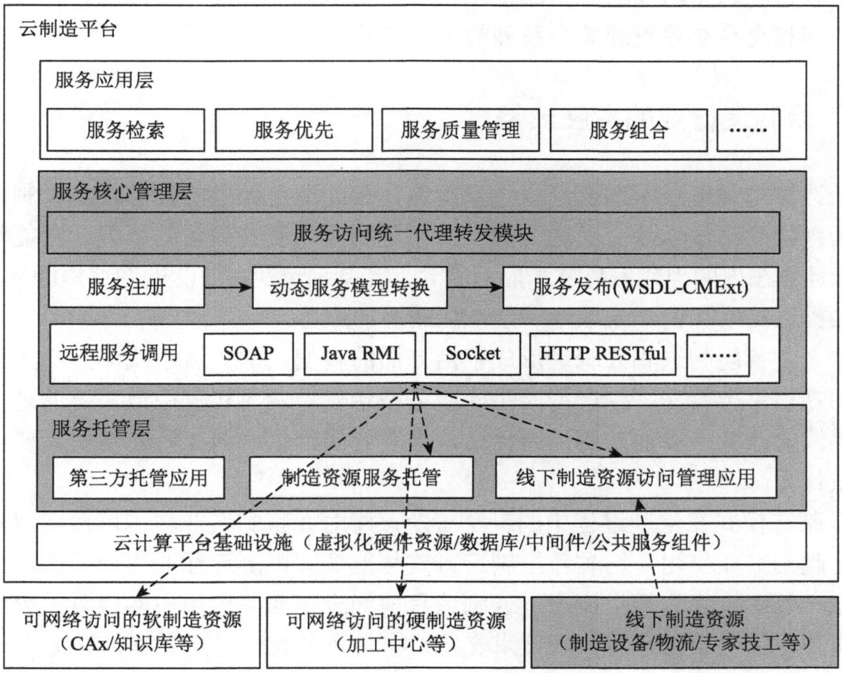

图 4-5　云制造平台整体技术框架

云服务建模是云制造领域的研究热点之一，其在云制造平台中的作用主要有两个方面：一是能够将云服务进行符合制造行业特征的规范化、语义化的抽象描述，作为开展其他研究、应用的基础；二是成为云平台中应用集成的桥梁。云服务模型描述了服务的元信息及对服务调用的抽象接口，能够有效隔离异构制造资源与上层应用，确保云制造平台架构的松耦合和可扩展性。

2. 云制造平台发展现状

北京的云制造平台建设主要集中在复杂产品的研发与中小企业业务协同方面。

（1）面向复杂产品的云制造服务平台。中国航天科工集团第二研究院与北京航空航天大学等单位合作，共同搭建了面向航天类复杂产品的云制造服务平台。该平台旨在解决航天产品投入成本高、研发周期长、涉及学科多、资源分布广等难题，使原本孤立的、基于物理样机的传统研制模式实现向协同的、基于虚拟样机的新型数字化模式的转变，大大提升了集团资源利用率和信息化程度。

（2）BISWIT 云服务平台。北京恩维协同科技有限公司研发的 BISWIT 云制造服务平台，已经为 500 多家中小企业提供了企业管理云服务。用户可在 BISWIT 平台上获得制造资源注册、资源需求发布、资源供需搜索、资源能力评估、协同制造管理和交易结算管理等一系列的工具支持。

4.2.4　云制造行业的发展形势

云计算与制造技术融合形成了云制造。云制造是先进的信息技术、制造技术以及新兴物联网技术等交叉融合的产品，是制造即服务理念的体现。它能够采取包括云计算在内的当代信息技术前沿理念，支持制造业在广泛的网络资源环境下，为产品提供高附加值、低成本和全球化制造的服务。

总之，智能制造和云制造形成了两方面的转变，即大流水线的生产方式向定制化的规模生产转变、生产型向生产服务型转变。两大转变中最关键的是理念和产业模式的改变：以前是工厂做什么，消费者买什么；现在则是消费者要什么，工厂做什么。

云制造模式在生产过程中的广泛普及，将对北京制造业转型以及实现制造业现代化起到重要作用，这种新型制造方式将改变国内制造业的生产模式，极大地提高生产效率。作为新生概念，云制造目前尚未在实际应用中实现重大突破，未来发展还将依赖于云计算核心技术支持、物联网多渠道连接支撑、语义 Web 的普及应用，以及高性能计算配置、嵌入式系统等各种技术的全面升级与革新。随着云制造的深入发展，我国行业应用将朝着以下平台方向发展：针对大型集团企业的研发设计能力服务平台；区域性加工资源共享服务平台；制造服务化支持平台；建立面向中小企业的公共服务平台；建立物流拉动的现代制造业服务平台。

未来云制造的应用可以在五个方面逐步展开。

（1）拓展应用于大型企业集团的研发设计服务平台，主要面向集团内部下属企业。此类平台利用互联网以及先进的信息技术，通过整合企业内部现有的计算资源、软件资源和数据资源，支持下属企业的技术配置、软件应用和数据服务。

（2）开创集中性区域加工资源共享平台，主要面向中小企业。它通过信息虚拟化技术、物联网以及射频识别等先进技术，实现区域加工制造资源和能源的高效共享与优化配置。

（3）云制造将扩展制造服务化的支撑平台，主要面向使用大型设备的企业。这类平台鼓励制造企业从单一的产品供应商向整体解决方案提供商及系统集成商转变，提供实时监测、远程控制、自主维修等服务。

（4）建立面向中小企业的公共服务平台。这种平台为需要扶持的中小企业提供产品设计、制造工艺、采购流程等服务，利用信息化促进中小企业发展。

（5）提升物流业与制造业的联动发展。其主要利用射频识别、网络设计、整合优化物流等技术，建立现代制造服务平台，促进制造业综合发展。

4.3　云制造环境下北京制造业服务资源需求现状分析

4.3.1　云制造环境下制造业服务资源需求的背景

云计算具备超大规模、虚拟化、通用性、高可靠性、高扩展性等特点，世界各国政府都提出了云计算发展战略或行动计划。国际 IT 巨头都将云计算作为重要的战略发展方向，亚马逊、谷歌、IBM、微软等提供不同的云计算服务。经过多年的发展，云计算已经从概念落地进入一个快速发展的阶段，尤其是云计算服务增长很快。现在，亚马逊的云计算业务发展最快，领先谷歌、微软、IBM 等供应商。亚马逊 2006 年开始提供云计算服务，2014 年亚马逊云服务（Amazon Web Services，AWS）营业收入达到 69 亿美元。2015 年第一季度，AWS 业务规模已经达到 50 亿美元，营业收入达到 15.6 亿美元，比去年同期增长 49%，AWS 是亚马逊增速最快的业务，制造业服务资源需求也随之增长。全球云服务市场规模见图 4-6。

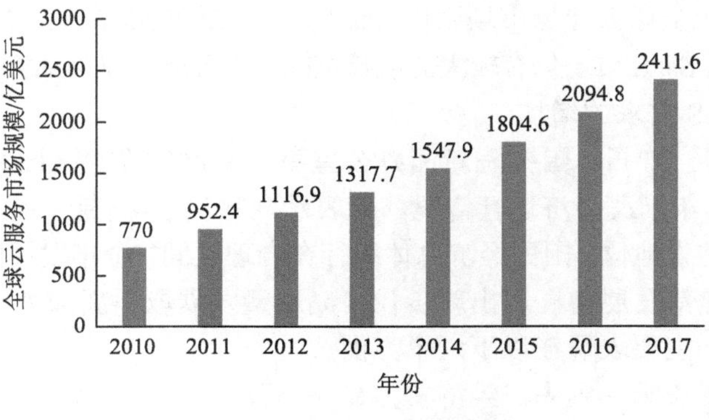

图 4-6　全球云服务市场规模

资料来源：智研数据研究中心整理。

全球云计算市场规模快速增长的同时，制造业服务资源需求也随之增长。经过十多年的发展，云计算已经逐渐被政府部门、各大企业所接受并开始付诸实践。和以往 IT 产业的发展规律类似，欧美等发达国家和地区占据了云计算的主导领域，尤其是美国，走在世界前列，亚马逊、谷歌、微软、IBM 等龙头企业在云计算领域保持领先地位。作为最先提出这一概念的亚马逊，2014 年保持着 30%的市场份额，大幅领先于其他企业，而微软的增长速度最快，同比增长 96%，谷歌以 87%的增速排名第二。在全球 TOP100 的云计算企业中，美国占据了 84 家席位，欧洲占据 9 家席位，其他国家受制于信息与通信技术（information and communication technology，ICT）发展落后，在云计算领域依然处于落后地位。图 4-7 为全球云服务市场格局。

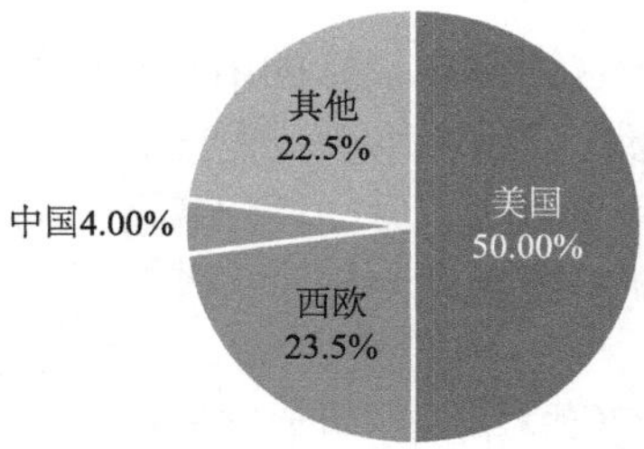

图 4-7　全球云服务市场格局

资料来源：智研数据研究中心整理。

根据资源配置方式的不同，云计算又可进一步分为 IaaS、PaaS、SaaS。

（1）IaaS：主要提供计算基础设施服务，主要包括中央处理器（central processing unit，CPU）、内存、存储、网络、虚拟化软件、分布式系统，企业无须担心基础资源供给，只要专注部署自己的业务应用软件即可，服务同质化严重。

（2）PaaS：主要提供软件研发平台服务，客户可以在 PaaS 平台进行软件开发、测试、在线部署等工作，服务差异性较大。

（3）SaaS：主要提供互联网软件服务。

从全球和中国市场云计算细分市场的对比来看，国内云计算市场以 IaaS 为主，而 SaaS 市场发展仍不完善，2020 年 IaaS 市场规模占比为 70%，SaaS 市场规模占比仅有 22%；而全球云计算市场则以 SaaS 为主，2020 年 SaaS 占比为 49%。相比全球市场，我国 SaaS 市场仍有较大的成长空间，而 IaaS 作为 SaaS 的上游，预期将受益于我国 SaaS 需求的增加。

2022 年 1 月 17 日，国务院新闻办公室举行新闻发布会，国家统计局局长宁吉喆介绍 2021 年国民经济运行情况，他表示，2021 年我国经济发展和疫情防控双双保持全球领先地位，国民经济总体运行在合理区间，全年发展的主要目标任务已经完成，构建新发展格局迈出新步伐，高质量发展取得新成效，“十四五”实现了良好开局。主要表现在以下六个方面。

（1）经济增长国际领先，经济实力显著增强。

（2）国民经济持续恢复，主要预期目标全面实现。

（3）创新动能有效增强，工业制造业较快增长。2021 年，全社会研究与试验发展（research and development，R&D）经费支出比上年增长 14.2%，增速比上年提高 4 个百分点，延续了“十三五”以来两位数以上的增长态势。

（4）外贸外资快速增长，对外开放不断扩大。

（5）经济体制改革继续深化，发展活力进一步激发。

（6）民生保障有力有效，人民群众获得感增强。

4.3.2　北京制造业服务资源需求现状分析

1. 北京地区生产总值情况

北京市统计局发布《2017—2021 年北京经济社会发展综述》，数据显示以下几点。

（1）经济总量突破 4 万亿元。全市地区生产总值在 2018 年突破 3 万亿元，2021 年超过 4 万亿元（为 40 269.6 亿元），从 2 万亿元（2013 年）到 3 万亿元历时 5 年，从 3 万亿元到 4 万亿元仅用 3 年。人均地区生产总值在 2017 年突破 2 万美元，2021 年超过 2.8 万美元，继续居各省区市首位。2016 年一般公共预算收入突破 5000 亿元，2021 年接近 6000 亿元。

（2）经济结构持续优化升级。服务业增加值占地区生产总值的比重保持在 80%以上；产业高端化特征更加明显，数字经济比重由 2017 年的 36.3%提高至 2021 年的 40.4%，高技术产业和战略性新兴产业占比均在 1/4 左右（二者有交叉），文化产业成长壮大，增加值占地区生产总值比重超过 10%，稳居全国第一。

（3）创新引领作用更加突出。2020 年全社会 R&D 经费支出占地区生产总值比重为 6.44%，比 2016 年提高 0.95 个百分点；其中基础研究经费占 R&D 经费比重为 16%，提高 1.8 个百分点，占全国基础研究经费的 25.4%，成为国家原始创新的核心力量。创新投入增加带动创新产出丰硕，2021 年专利授权量为 19.9 万件，比 2016 年增加近 10 万件，其中发明专利授权量所占比重达到 39.8%；每万人发明专利拥有量 185 件，是全国平均水平的近十倍。创新辐射作用不断增强，2021 年，全市技术合同成交总额 7005.7 亿元，是 2016 年的 1.8 倍，其中流向外省区市的占比 62.1%，提高 11.4 个百分点。

（4）经济发展效率明显提升。社会劳动生产率由 2016 年的 22.5 万元/人提升至 2021 年的 31 万元/人以上。能效水平稳居全国省级地区前列，2020 年能源消费总量为 6762.1 万吨标准煤，比 2016 年减少 154.6 万吨标准煤；按可比价格计算，万元地区生产总值能耗为 0.21 吨标准煤，不到全国平均水平的一半。

2. 北京中小型制造企业服务资源现状

中小型企业云服务是基于互联网的相关服务的增加、使用和交付模式，通常涉及通过互联网来提供动态易扩展且经常是虚拟化的资源。云是网络、互联网的一种比喻说法。过去在图中往往用云来表示电信网，后来也用云来表示互联网和底层基础设施的抽象。云服务指通过网络以按需、易扩展的方式获得所需服务。

中国市场调研在线网发布的《中国中小企业云服务市场调研与行业前景预测报告（2017—2023 年）》显示，中国已成为全球最大的云计算市场之一，这是中国云计算公司最好的时代，也是外国云计算公司最好的时代。2015 年中国公有云市场规模为 50 亿元人民币，与全球 474 亿美元的市场规模相比，差距很大。但差距越大，意味着中国云计算市场的潜力越大，同时制造业服务资源需求越大。

亚马逊、微软等跨国 IT 巨头的强势进入，确实给我国发展尚不成熟的云服务产业和云服务企业带来了严峻挑战。但是，外企云服务优质的用户体验可能激活我国云服务用户的需求、激发云服务市场做大，而外企健全的生态体系和成熟的服务模式也可为我国本土企业提供借鉴，倒逼我国企业苦练内功、提升水平。因此，对外企云服务竞相进入中国必须客观对待，既要认识到其消极影响，又不必过分担忧，要“战略上藐视”与“战术上重视”并重。

我国云服务行业市场集中度较低，当前，我国中小企业云服务发展尚不成熟，呈现出服务内容少、服务范围窄、服务水平低、服务模式不丰富、标准化程度差、市场集中度低等特征。阿里云、百度云、腾讯云、金山云、盛大云等互联网云服务提供商和三大电信运营商等前八大云服务提供商总的市场占有率才不到 30%。

计世资讯发布的《2020—2021 年中国云管理平台市场现状与发展趋势研究报告》指出，从云计算企业分布情况来看，2021 年我国云计算企业注册地较为集中，主要分布在北京、广东、上海等地，均为经济及互联网产业相对较为发达的地区。其中北京市排名第一，企业数量占比达 29%；其次为广东省，占比为 21%；上海市排名第三，企业数量占比为 15%。我国云计算市场集中度保持高位。在云计算 IaaS 市场中，2021 年前三季度行业 CR6（CR 为行业集中度）为 81.08%，其中，阿里云以绝对优势排在首位，市场份额达 39.01%，华为云、腾讯云和天翼云依次位列第 2~4 位，其他品牌的占比均不足 10%。在云计算 PaaS 市场中，2021 年前三季度行业 CR6 为 75.8%，阿里云依然排在榜首，市场占有率达 34.94%，其次是 AWS 和腾讯云，占比分别为 12.17%、11.01%。

3. 《北京市新增产业的禁止和限制目录》执行对高端服务业的影响

《北京市新增产业的禁止和限制目录》（2015 年版）实施以来，高端服务业新增市场主体持续保持活跃态势。2017 年 1～11 月，科技、信息、金融三大高端服务业新增市场主体 6.9 万户，占全市新增市场主体的比重为 35.6%，较去年同期提高 3.3 个百分点；科技服务业领域认定登记技术合同 63563 项，同比增长 9%；技术合同成交额为 3919.2 亿元，同比增长 24.8%。高精尖产业新设市场主体占比由 2014 年的不到 40%增长至 2017 年的近 50%，《北京市新增产业的禁止和限制目录》对构建高精尖经济结构发挥了显著的推动作用。

4.4　云制造环境下北京现代制造业服务资源共享现状分析

4.4.1　北京现代制造业服务资源共享的现状

自 20 世纪末共享服务中心概念传入中国并付诸实践以来，国内共享服务中心的发展已经取得了长足进展，目前已基本覆盖了现有共享服务中心的所有类型。2016 年，北京市商务局局长闫立刚表示“北京市服务业扩大开放是在京津冀协同发展的大背景下进行的”，服务业扩大开放综合试点，积极探索产业区域协同的服务业开放改革模式，为企业提供全产业链服务保障。北京已联合天津、河北创立医药企业“研产分离、注册地监管”的异地许可与监管模式，推出企业在北京市跨境设置生产基地等 12 项先行先试政策，形成了医药研发服务在北京聚集、医药生产环节向津冀等周边地区布局的联动发展格局。

此外，北京还联手天津、河北进行区域通关一体化改革，三地企业可自由选择申报、纳税、放行地点，跨关区通关时间节省了 30%。然而北京市设立的共享服务中心发展尚不成熟。北京市共享服务中心占比最大的行业是金融业，但制造业共享服务中心发展却极为缓慢。当前，北京市正处于“转方式、调结构、促就业”的关键时期，有效利用共享服务中心建设，促进北京市制造业转型升级、优化产业结构、增加就业尤为重要。

2017 年 8 月 17 日北京市委书记蔡奇率北京市代表团一行，赴河北雄安新区和保定市学习交流考察。北京市人民政府与河北省人民政府签署了《关于共同推进河北雄安新区规划建设战略合作协议》，内容如下。

（1）协同推进创新驱动发展。支持中关村科技园区与雄安新区合作共建雄安新区中关村科技园，打造高水平创新创业载体，形成联动发展的科技创新园区链。支持雄安新区引进科技领军人才和创新团队，共同争取将中关村国家自主创新示范区政策向雄安新区延伸覆盖。共同推动在京津冀协同发展基金下设立雄安新区创新创业子基金，共同争取科技部国家科技成果转化引导基金支持，搭建科技金融合作平台。

（2）推进交通基础设施直连直通。共同争取国家有关单位支持，将雄安新区作为京津冀交通一体化体系的重要节点，全面提速北京市与雄安新区之间的交通基础设施规划建设。加快建设京雄铁路、京石城际、城际铁路联络线、固保城际等轨道交通线路，推动建设北京市与雄安新区直接连通的高速公路新通道，积极推进京津冀交通“一卡通”向雄安新区延伸覆盖。

（3）开展生态环境联防联治。深化区域大气污染联防联控协作，建立统一的能耗、水耗、污染物排放限值标准，形成一体化的环境准入和退出机制。共同推进京津保造林绿化工程建设，打造京津保生态过渡带森林和湿地群。规划建设区域生态绿色廊道，推进大清河流域综合治理，促进白洋淀水资源保护和水环境改善。

（4）合力推动产业转型升级。加强产业转移与承接的协同联动，共同推动雄安新区发展高端高新产业。支持北京市属金融机构在雄安新区设立分支机构，发展科技金融、普惠金融、互联网金融和绿色金融。推动北京高端服务业向雄安新区延伸转移。

（5）协同提供高品质公共服务。北京市推动优质教育、医疗卫生等资源向雄安新区布局发展，采取“交钥匙”工程方式在雄安新区建设高水平幼儿园、小学、完全中学、综合医院各 1 所。河北省在雄安新区选择现有幼儿园、小学、完全中学、综合医院各 1 所，由北京市采取托管、集团化办学、建立医疗联合体等方式，提供办学办医支持。北京市妇产医院、市疾病预防控制中心、市卫生计生监督所等 3 所卫生机构为雄安新区相关机构提供对口支持。共同加快社会保险跨区域转移对接，积极推进异地就医即时结算以及医疗机构临床检验结果互认、医学影像检查资料共享，完善养老保障服务体系。

（6）加强城市规划技术支持服务。北京市充分发挥城市规划设计和管理优势，为雄安新区在城市规划、设计、勘察、测绘等方面提供人才和技术支持。

（7）加强干部人才交流。依托京冀“双百”互派干部挂职机制，建立常态化人才交流合作平台，适时安排北京市有关部门干部和专业技术人才到雄安新区挂职或任职。安排雄安新区管理人员到北京市培训学习，提升其管理服务能力。加强人才市场合作，支持双方人力资源资格互认和自由流动。

4.4.2 北京可学习和借鉴的发达国家的经验

制造业服务资源的管理是企业发展的重要基础，提高制造业服务资源管理效率、实现制造业服务资源的共享利用已经成为加强制造业服务资源管理的重要手段。我国的制造业服务资源共享已经起步并取得了显著的成绩，总体共享水平不高，共享的管理运行机制及政策环境等还需要不断完善，与发达国家之间存在较大差距，为推进共享实践，我们将北京市与发达国家制造业服务资源共享进行比较，寻找两者之间的差异，学习和借鉴国外制造业服务资源共享的经验，促进我国制造业服务资源共享的发展。北京市与发达国家制造业服务资源共享的不同点有以下几点。

1. 全生命周期应用范围

国外已将基于网络的制造业务与服务外包应用于制造全生命周期的各个环节，如设计、仿真实验、生产加工以及 ERP、供应链管理（supply chain management，SCM）、CRM 等经营管理，典型的如 2000 年美国成立的 MFG.com 是全球领先的制造业在线市场且目前并无直接竞争对手。MFG.com 平台上的采购商能通过发布工程计算机辅助设计（computer aided design，CAD）文件或提供产品技术规格等方法对需要采购的工业零部件及纺织品服装类产品创建询盘。智能化的 MFG.com 系统将针对询盘细节，自动为采购商在全球范围内匹配具有先进设备、优秀工艺及充足产能等符合采购商标准的供应商，并邀请报价，令采购活动更经济高效。MFG.com 同时还为广大采购商及供应商双方合作沟通、询盘报价、尽职调查、查询订单成交状态及监测货物物流状态提供了平台。

国内方面，为实现中小企业外部资源与企业生产制造过程等核心业务的紧密协作，并满足新一代企业管理信息化服务的需求，如低成本、支持用户量身定制、按用户需求调整以及随用户不断发展而成长等，部分企业研发了云制造服务平台。北京恩维协同科技有限公司研发了支持企业业务紧密合作的中小企业云制造服务平台。该平台目前已经在装备制造、服装、铸造、陶瓷、灯具照明、家具及电器等行业领域展开了应用，已经为 500 余家企业提供“云管理”服务应用。该平台的主要功能包括制造资源注册、资源需求发布、资源供需多向搜索、资源能力评估、协同制造管理和结算管理等，能够为用户提供制造全生命周期的服务工具。北京恩维协同科技有限公司作为第三方制造服务运营商，能够促进企业间的交流与协作，提高企业间资源和能力共享程度，形成新型云制造服务产业链，进而催生一批为中小型制造企业提供服务的服务型企业，创造新的经济增长点。

2. 产品研发周期

以美国波音 787 的研制为例，它采用了基于网络协同、制造服务外包的模式，组织全球 40 多个国家和地区协同研发，使之与波音 777 相比，研发周期缩短了 30%，成本减少了 50%。并在上市前即获得了 1400 多亿美元的订单，取得了显著的效益。

在中国，为解决航天复杂产品研制周期长、涉及学科多且集团企业内资源分布不均等问题，中国航天科工集团第二研究院联合北京航空航天大学等单位搭建了支持航天复杂产品制造资源和制造能力共享与协同的云制造服务平台，高性能计算能力达到 20 万亿次以上，存储了共 300TB 以上的多学科大型分析软件及相关资源，封装了高端数控加工设备、单元制造系统及制造各阶段的专业能力，从而实现了企业或集团制造资源和制造能力的整合，有效提高了集团企业制造资源和制造能力使用率，降低了成本，提高了竞争力。

4.4.3 北京现代制造业服务资源共享存在的主要问题

近年来，国家通过科技基础平台建设促进制造业服务资源的共享，许多省市和部门都进行了卓有成效的探索，推进制造业服务资源共享取得了一定的成效。但是面对日益活跃的科技创新活动，我国制造业服务资源共享的建设与发展远远不能满足众多企业生产的需要，制造业服务资源不能在全社会范围内实现共享已经成为阻碍我国科技发展与创新的壁垒。事实上，制造业服务资源共享是一个综合而复杂的系统工程，涉及范围广，实施条件多，必然存在诸多制约和阻碍，本节重点分析其存在的关键性问题。

1. 服务资源共享理念尚未建立，资源浪费与供给不足现象并存

从目前的发展情况来看，北京已逐步推进服务资源共享，但共享的对象还主要局限于本市。由于区域间服务资源共享理念尚未建立，市际服务资源共享的深度与广度都远未达到预期目标，并且受原有行政体制意识观念的影响，没有从思想上充分认识到资源共享的真正含义，“大而全，小而全”“人有不如我有”的狭隘观念导致了大量资源的重复购置。另外，由于缺乏区域整体资源的配置思路，服务资源在北京市仍然存在资源使用低效和供给不足的双重矛盾。一方面，北京市存在着大量同质的基础服务资源，致使资源利用效率不高；另一方面，对于某些地区，明显存在着供给不足的现象。

2. 服务管理的多头管理体制，服务资源共享效率较低

和其他领域的改革类似，资源共享也存在体制问题。受行政条块分割的限制，当前科技设备由于承担的任务不同，购置资金来源也并不相同。有些仪器属于国家投资如省部共建，有些属于教育部投资如重点学科建设，还有向外引入的日行贷款等，这种多头管理体制也就导致了无法从源头上根本控制仪器的重复购置。资金多头来源的体制问题会直接引发另一个负面效应，即设备分散管理、封闭使用、缺乏统一有效的管理，直接阻碍了真正意义上制造业服务资源的开放共享。另外，对科研院所进行评估时，是否拥有足够多的大型仪器是重要的考核标准，而目前却并未把仪器设备共享列入评价体系。同时，学校财务制度对于老师申购大型仪器费用予以报销，而对其他费用报销却严格把关，这在一定程度上鼓励实验小组、教师自行购买仪器设备，变相促进重复购置，不利于服务资源的开放共享。

3. 缺乏对人才有效的管理和激励机制，直接影响资源共享的效果

在人力资源共享方面，劳动力价格对科技人力资源管理的作用更为突出，这就需要制定有效的人才管理和激励机制。然而，目前北京市乃至全国尚未形成科技资源共享体系的统一规范，缺乏对人才有效的管理和激励机制，导致人才创新的主动性和积极性不高。客观上又直接导致仪器功能和数据开发不能有效利用，科技人员对资源共享工作缺乏热情，也就不能积极推动仪器设备和数据利用的开放共享，造成了资源共享服务功能、服务质量较低，影响了区域科技创新的效率。

4.5 本章小结

本章分析云制造环境下北京现代制造业服务发展现状。首先分别对北京现代制造业及服务业发展现状进行了分析，在此基础上又进一步分析北京云制造行业发展现状；其次分析云制造环境下北京制造业服务资源需求现状。我国国民经济运行方面，生产稳定，市场活跃，经济增长韧性增强。经济发展协调性方面，产业结构不断优化，发展向中高端迈进。服务业发展势头良好，支持服务业发展政策不断完善，生产性和生活性服务需求快速扩张，带动服务业较快增长。需求加快升级，带动作用增强，消费升级势头明显。最后对云制造环境下北京现代制造业服务资源共享现状进行了分析。制造业服务资源作为信息化时代一种重要的战略资源和信息资源，体现了一个国家和地区的工业管理水平。制造业服务资源的共享则为国家和地区的工业进步和经济创新提供了源源不断的物质保障。奉行共享战略已久的西方发达国家，在科技资源共享方面已形成了完整的共享体制机制。因此，我国从制造业服务资源共享战略、资源共享平台、管理体制及法规体制等多个方面，借鉴发达国家的成功经验是极为必要的，这也对提高我国科技共享率极为重要。

第 5 章　云制造环境下北京制造业组织形态演变与发展趋势研究

管理的权变理论认为，由于不存在普适的管理原则，没有适合于所有组织类型的组织结构和组织模式（即组织形态）。任何一个成功的组织都会经历一个演变过程，从一个传统型组织向虚拟组织、学习型组织、创新型组织或战略联盟转变。虚拟企业合作模型是虚拟企业组建的重要基础。云制造模式是一种全新的网络化制造新模式，为虚拟企业敏捷化提供了新的技术手段，虚拟企业合作模型也随之改变，以适应云制造这一新的信息化服务平台。本章在对北京制造业组织形态演变过程分析的基础之上，研究在云制造合作模式下虚拟企业组建过程模型，构建云制造模式下虚拟企业合作系统模型，进一步分析北京制造业组织形态发展趋势。

5.1　北京制造业组织形态的演变过程

企业组织是企业开展生产经营活动的基本框架。随着科学技术的进步和经营环境的变迁，北京制造业企业组织呈现出一系列新的变化趋势，具体表现在组织形态扁平化、组织规模小型化、组织格局分权化、组织性质柔性化、组织运作智能化、组织整合网络化方面。

组织形态是指由组织中纵向的等级关系及其沟通关系、横向的分工协作关系及其沟通关系形成的一种无形的、相对稳定的企业架构。它反映组织成员之间的分工协作关系，体现了一种分工和协作框架。企业组织形态是指企业的组织形式、存在状态和运行机制。

5.1.1　北京制造业传统的组织形态

传统的组织形态是组织发展的第一个阶段。根据企业的产生和发展及领导体制的演变，传统的组织形态的演变经历了直线制→直线职能制→事业部制的演变，表 5-1 给出了北京制造业传统的组织形态对比。

表 5-1　北京制造业传统的组织形态对比

组织形态	优点	缺点
直线制	结构简单； 责任分明； 命令统一	难以进行有效管理； 灵活性差，难以应对环境变化
直线职能制	统一指挥； 提高管理效率	员工缺少自主权； 组织灵活性差； 缺少横向协调
事业部制	责任明确； 增强企业活力； 培养综合性的高级管理人员； 具有较高的灵活适应性	职能重复，增加管理成本； 易产生不良竞争

1. 北京制造业传统的组织形态演变过程

（1）直线制。直线制产生于 19 世纪末，是一种最简单的集权式组织结构形式，它与工业化、大规模生产方式相适应。直线制的特点是：①组织从上到下各层级实行垂直领导；②下属部门只接受其直接上级的指令；③主管人员在其管辖范围内，拥有绝对的职权或完全职权。直线制的优点主要有：①结构比较简单；②责任分明；③命令统一。缺点是：①由于没有专业的管理分工，要求主管人员必须熟悉与本部门业务相关的各种活动，难以进行有效管理；②高度的集权组织通常弹性不足，对环境的变化反应比较迟钝。直线制适用于企业职工人数不多、生产和管理工作都比较简单的企业。

（2）直线职能制。直线职能制产生于 20 世纪初，它顺应了大规模生产的要求，成为现代工业中最常见的一种结构形式，而且在大中型组织中尤为普遍。直线职能制的特点是：①把组织机构和人员分为两类，一类是直线领导机构和人员，另一类是职能机构和人员；②直线人员按命令统一原则对各级组织行使指挥权，直接参与组织目标的实现；职能人员则按专业化原则，从事组织的各项职能管理工作，为组织目标的实现提供服务。直线职能制的优点主要有：①各级管理机构集中统一指挥；②各级管理人员有相应的参谋机构作为助手，可以充分发挥其专业管理的作用，提高管理工作效率。缺点是：①如同直线制，权力集中于最高管理层，下级缺乏必要的自主权；②权力的集中使组织对外部环境变化反应较慢；③部门间缺少横向协调、组织缺乏创新、对组织目标的认识有限等。直线职能制较适用于产品单一、销量大、决策信息少的企业，目前我国大多数企业、机关、学校、医院等一般采用直线职能制结构。

（3）事业部制。事业部制是一种在直线职能制的基础上演变而成的现代企业组织结构，遵循“集中决策，分散经营”的总原则。事业部制的特点是：①按企业的产出将业务按产品、服务、客户或地区等标志分为各个事业部，各事业部具有高度的自主权；②企业高层和事业部内部，都可按照职能制结构进行组织设计；③各事业部可以作为独立核算、自负盈亏的主体进行独立的经营和运作。事业部制的优点主要有：①各事业部自主经营，责任明确；②各事业部是以利润为核心的，各事业部门相互竞争可以增强企业活力，促进企业的全面发展；③权力下放有助于培养综合性的高级管理人员，从而提高企业整体效益；④其结构既有较高的稳定性，又有较高的灵活适应性，也扩大了有效控制的跨度。缺点是：①容易造成职能重复，管理费用和成本上升；②由于各事业部利益的独立性，公司共有资源和共享市场易产生不良竞争。事业部制适用于规模庞大、品种繁多、技术复杂、市场环境变化较快的大型企业。

2. 传统的组织形态存在的弊端

（1）管理层级多、工作效率低。传统的组织形态都有一个共同的特征：企业的管理从结构上是自上而下的，管理层级比较多，造成员工汇报工作需要逐级上报审批的问题，严重影响工作效率。

（2）机制不健全、责权不明。传统组织强调严格的规章制度，等级森严，员工就是员工，领导者就是领导者，其倾向于以培训来提高雇员的工作绩效。由于企业高层不能有效地授权，权限过于集中于高层，下层员工工作责权不明，造成工作效率低下。

（3）不注重人力资源的管理。在组织的运作过程中，传统组织不注重人力资源的重要性。组织通过运用目标管理方式对员工进行绩效管理，绩效评估的是员工的结果或部分行为，而不注重员工的成长和发展。

5.1.2 北京现代制造业企业组织形态的创新形式

近年来，经济全球化的趋势进一步明显，企业经营环境面临空前激烈的变革。科学技术的迅猛发展、产品的推陈出新使企业所面对的外部环境更加复杂多变，从而要求企业具有较强的灵活性，及时改变资源配置和权力分配等以应对外部环境的变化。在这种强有力的冲击下，传统的组织形态已不能适应时代要求，要对现行企业组织形态进行创新。

1. 北京现代制造业企业创新的组织形式

（1）虚拟组织。虚拟组织是指两个以上独立的实体，为迅速向市场提供产品和服务，在一定的时间内结成的动态联盟。虚拟组织的主要特征有：①虚拟组织是建立在共同目标上的合作型竞争，在数字化信息时代，合作比竞争更加重要；②虚拟组织具有较大的适应性，虚拟组织能动态地集合和利用资源，从而保持技术领先；③虚拟组织通过社会化协作和契约关系，使企业的管理组织扁平化、信息化，削减了中间层次，使组织能对市场环境变化做出快速反应；④信任是虚拟组织最重要的特征和核心内容，也是虚拟组织建立和运行的前提。

（2）学习型组织。学习型组织突破了传统的层次组织，不存在单一的模型。在学习型组织中，每个人都要参与识别和解决问题，使组织能够进行不断的尝试，改善和提高它的能力。学习型组织的基本价值在于解决问题，学习型组织的主要特征有：①组织成员都拥有一个共同愿景，并为这个愿景的实现不断地努力，朝着组织共同的目标前进；②组织由多个创造性个体组成，强调“终身学习”“全员学习”“全过程学习”“团队学习”；③组织的边界将被重新界定。

（3）创新型组织。创新型组织首先是一个学习型组织，因为创新以掌握一定的知识为基础，学习是创新的前提，是创新的准备。在创新型组织中，企业文化不仅激励和支持创新活动，而且本身将创新作为其核心内容，形成一种崭新的创新文化，从而实现员工之间的知识共享和企业的不断创新。创新型组织的主要特征有：①创新成为企业文化的核心特征，创新力的形成必须通过企业与个人的共同努力，而企业文化是激励企业内创新活动的主要动力；②创新是一种团队运动，创新型组织中，创新不是某一部分成员的运动，而是整个组织各个层次成员的共同运动；③员工的贡献大小要由他为整个知识创新系统提供的信息的重要程度来决定；④在创新知识的过程中，同层级的人承担着不同的责任。

（4）战略联盟。战略联盟是现代企业竞争的产物，它是指一个企业为了实现自己的战略目标，与其他企业在利益共享的基础上形成的一种优势互补、分工协作的松散式网络化联盟。战略联盟的特征主要有：①合作者之间的关系十分松散，所以可迅速将战略联盟解散；②合作各方将核心资源加入联盟中，在这种条件下，联盟可以高效运作，完成一些企业很难独自完成的任务；③战略联盟不像传统的企业具有明确的层级和边界，联盟成员之间是一种你中有我、我中有你的局面。

2. 北京现代制造业企业组织形态的特点及创新原则

在如今这个全球企业经营环境空前激烈变化的时代，传统的组织形态已不再适用，现代企业的组织形态具有了一些新的特征。表 5-2 给出了传统的组织形态与现代企业创新的组织形态的特征对比。

表 5-2　北京制造业传统的组织形态与现代企业创新的组织形态的特征对比

属性	传统的组织形态	现代企业创新的组织形态
组织的灵活性	组织灵活性差，难以应对外界环境的变化	组织灵活性强，能根据外部环境变化做出迅速调整
信息的传递速度	组织层级多，信息传递速度慢	减少组织层级，信息传递速度快

续表

属性	传统的组织形态	现代企业创新的组织形态
员工权力	高度的中央集权，员工具有很少的权力	权力下放，员工具有较高的自主权
组织的创新能力	组织的创新能力弱	组织的创新能力强
工作效率	工作效率低	工作效率高

开放的环境造成开放的经济形态，开放的经济形态促进了新经济时代的到来。在新经济时代，要求员工工作自主、环境开放、管理人性化，此时企业员工不再是企业组织的附属品，而在某种程度上上升为企业组织的合伙人。所以必须突破传统的官僚企业组织的藩篱，对组织形式进行重构。由于知识创新过程没有固定的程序和模式，所以知识型企业的组织模式也是千姿百态和多种多样的，但是组织形态的创新必须遵循一定的原则。

（1）围绕核心原则。组织结构的创新应该围绕企业的核心能力进行设计，要有利于核心能力的获取与保持，使核心能力在竞争中发挥优势。因为核心能力是一个企业独特的、无法替代的能力，也是现代企业竞争的基础。

（2）减少管理层级原则。机构的简化及管理层级的减少，可以大大提高企业组织内部信息的传递速度，增强企业对环境变化的反应能力，提高工作效率。因而，现代企业应优化组织结构，提高企业组织运行的速度。

（3）灵活性原则。现代企业组织必须兼有灵活性和稳定性，企业组织形式应尽可能分立化、柔性化、集团化、网络化、扁平化和无边界化，使其具备及时应对外部环境变化和调整内部结构的能力。

（4）权责对等原则。组织中的每个部门和部门中的每个员工都有责任按照工作目标的要求完成工作任务，同时，组织也必须给予每个部门及员工一定的自主权，使职权与职责对等。如果有责无权或者权力范围过于狭小，责任方就有可能会因缺乏主动性、积极性而无法履行责任，会影响到整个组织系统的健康运行。

5.2　云制造环境下北京制造业组织形态演变

云制造引起了供应链“云化”的变革。供应链在先进的网络化制造、云计算和物联网等新技术的支持下，通过把各种资源、知识和能力虚拟化和服务化，实现对物理资源的集中管理和顾客的深度参与，表现出虚拟性、动态性、柔性、集约性和创新性。在云制造的引导下，供应链运用云服务平台进行集成、透明和便捷的管理，供应链中的组织成员在管理模式、交易形式、利益分配机制和信用评价方式等方面发生了一系列新变化。

5.2.1　云制造环境下供应链的新特点

云制造环境下的供应链是在云制造技术体系下构建成的网链关系，以云计算、物联网、人机交互系统等先进信息技术为支撑，更加敏捷、柔韧、开放、自主，在管理方式上更灵活、更深入、更具创造性。具体来讲，云制造环境下的供应链具备以下新的特点。

1. 实现对供应链中物理资源的管理

在云制造出现之前，供应链企业只能根据自身已有的制造资源安排生产，而在云制造环境下，所有物理层资源都能通过云终端技术和物联网技术接入互联网，资源被封装和虚拟化后实现“制造即服务”，将制造资源作为服务向外界提供，供应链资源的配置和调用更加灵活，突破物理资源瓶颈的限制。云制造下的供应链管理可以深入生产制造环节，使制造过程透明化、可视化，管理中能够针对市场变化采取灵活、便捷的生产制造策略。

2. 供应链组织形式更具虚拟性和动态性

云制造本身就是在云计算技术上进行的扩展，延续云计算的开放性和灵活性，云制造下的供应链也展现出相应的特征。云制造平台中企业通过租用外界的服务来实现生产所需的资源和能力，企业进入和退出供应链的门槛降低，供应链的组织方式更加灵活和多样，供应链中的组织将展现出更虚拟和动态的性质。

3. 加快供应链中的组织向知识型、学习型、创造型转变

云制造中的供应链中的组织将会把自身的资源、能力和知识虚拟化封装接入云平台，在数据挖掘、人工智能等技术的支持下，开发出相应的数据库、知识库、模型库，形成不同知识类型的云服务，企业在相互操作和调用下不断地完善自身流程，主动地采用新的运作方式来降低成本、优化供应链。各企业贡献的资源、能力和知识，被相关服务通过智能化技术不断地学习和改进，实现供应链以群体智慧为基础的主动创新。

4. 资源集中且更具柔性

云制造模式在“分散资源集中使用，集中资源分散服务”的思想指导下，将分散的各种资源通过网络汇集起来，形成虚拟资源的服务中心，任务经过合理调度后，分派到不同的节点执行，最后合成为统一的结果。传统供应链的柔性主要

通过资源的剩余能力来衡量，资源剩余能力越多则柔性越大，越少则柔性越小。而在云制造下，供应链中的企业所需的资源能力都存储在云服务平台中，分散在不同环节和地点的供应链中的企业能够灵活调用或者租用所需资源，集中的资源能力服务增强了供应链的柔性。

5. 顾客参与程度更高

由于云制造服务平台向供应链中各个企业和最终顾客开放，各方在公共环境下交流沟通更加直接和便利，顾客对产品的感知和认识不再局限于最终产品，而是能对整个制造和转移过程有直观的了解，甚至某些顾客还能够参与云服务的开发和设计，通过人机交互平台将自己的创意和设想作为服务向平台提供。

5.2.2 云制造环境下虚拟企业组建过程模型

“虚拟”反映出虚拟企业本质上是一个临时性的组织，它在市场机遇的需求下产生，又在机遇完成时解散，具有自己的生命周期。作为一种组织形式，虚拟企业的生命周期由识别、组建、运行、解散四个阶段构成，如图 5-1 所示。

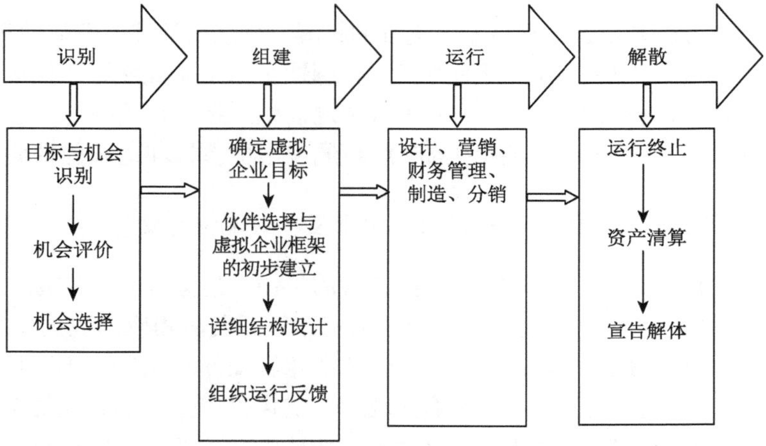

图 5-1 虚拟组织全生命周期

1. 虚拟企业组建过程模型描述

虚拟企业组建过程分解为确定虚拟企业目标、伙伴选择与虚拟企业框架的初步建立、详细结构设计和组织运行反馈四个阶段。

（1）确定虚拟企业目标。这个阶段主要是根据企业的战略目标和市场信息，识别和寻求机遇，并最终确定虚拟企业的目标。识别和寻求机遇的目的是挖掘市场机遇，确定是否做出响应，并初步对机遇进行描述和定义，在此可以采用市场调研和专家评估的方法。之后，需要对机遇进行分析和评估，并确定响应机遇所需的核心能力。与此同时，企业需要对自身的核心能力进行识别和评估，并考虑自己的主要目标，以确定是否需要以虚拟企业形式响应市场机遇。

（2）伙伴选择与虚拟企业框架的初步建立。这个阶段主要是根据虚拟企业的目标进行伙伴选择，并开始构建虚拟企业框架。在伙伴选择过程中应遵循以下一般性原则。

核心能力原则：即要求参加联盟的伙伴必须具有并能为虚拟企业贡献自己的核心能力。为实现这一原则，首先需要对伙伴进行核心能力的识别和评估。

总成本核算原则：即虚拟企业总的实际运作成本应不大于个体独立完成所需要的内部费用。

敏捷性原则：即要求伙伴企业对来自虚拟企业外部或伙伴之间的服务请求具有快速的反应能力。

风险最小化原则：即选择正确的伙伴，以在最大程度上回避或减少虚拟企业的整体运行风险。

根据以上原则，伙伴选择过程可以描述为一个多目标优化问题，并可以采用相应的方法加以求解。

（3）详细结构设计。这一阶段主要是设计虚拟企业的组织结构和运行模式。虚拟企业往往存在一个核心团队，它由具备虚拟企业核心能力的企业联合组成。但核心团队在协调方面还有所欠缺，所以往往在核心团队的基础上建立一个联盟协调委员会（Alliance Steering Committee，ASC），负责虚拟企业内的协调工作。这是虚拟企业宏观、高层上的组织结构设计，而在微观、底层上，可以按照工作分解结构（work breakdown structure，WBS）进行任务分解，并建立面向横向流程的集成产品开发团队（integrated product development team，IPT）。虚拟企业可采用基于动态合同的运行模式。动态合同包含利润/风险分担机制、检查机制、激励机制和清算机制。为了保证伙伴间的协调通信质量和安全，建立硬件和软件的标准体系和共同的通信基础也是必不可少的。

（4）组织运行反馈。虚拟企业的成功需要考虑伙伴之间的诸多差异，如企业文化差异、管理体系差异、信息系统和通信基础差异等。同时，核心能力的集成也不可能一步到位，所以在虚拟企业运行的过程中仍然可能存在很多问题，组织运行反馈的目的就是妥善解决这些问题。在此存在两种可能：一种可能是选择的伙伴企业达不到虚拟企业的要求，所以需要进行伙伴企业的再重组，甚至进行伙伴的重新选择；另一种可能是虚拟企业的组织结构或者运行模式存在缺陷，需要进行调整。

2. 云制造模式下虚拟组织的创建过程

在云制造环境下，虚拟组织的创建过程可以分为虚拟组织能力需求分析和寻求最优云服务两个阶段，每个阶段又可分为三个部分，如图 5-2 所示。

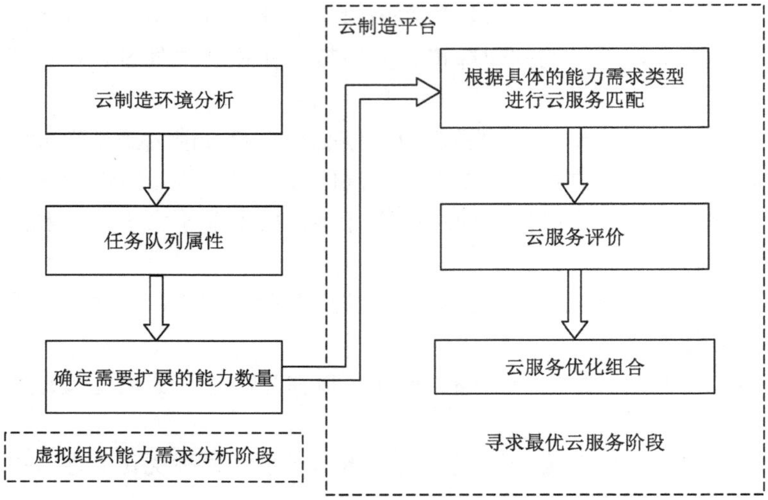

图 5-2　云制造环境下虚拟组织的创建过程

（1）盟主企业构建虚拟组织的目的是通过扩展自身的能力，来按时完成任务，因此建立虚拟组织的第一步就是确定需要扩展的能力数量，即对虚拟组织能力需求进行分析。此阶段包含以下步骤：①对云制造任务环境进行分析，因为盟主企业是否需要扩展自身能力以及扩展能力的大小都是由其面临的任务所决定的；②采用概率分布的方式对随机任务进行描述，并采用排队论对能力不足时产生的任务排队现象进行分析；③根据得到的任务队列的稳态属性确定需要扩展的能力数量。

（2）根据第一阶段得到的扩展能力需求大小，在第二阶段通过云制造平台寻求最优云服务，此阶段包含以下步骤：①由于云制造平台上存在大量云服务，首先要根据具体的能力需求类型进行匹配，过滤掉不符合要求的云服务，得到潜在的能够被利用的云服务；②云制造平台上的云服务水平不同，盟主企业不仅要得到所需要的能力，还要求这些提供能力的云服务具有较高的水平，因此需要建立指标对其进行评价，挑选出优秀的云服务；③在实际应用中，一个云服务往往不能满足盟主企业的需求，需要多种云服务同时提供能力。这种情况下需要对云服务进行优化组合，以一种最好的组合状态来满足盟主企业的能力需求。

5.2.3 云制造模式对虚拟企业合作体系的影响

云制造领域具有不同类型的企业，根据需求对象的不同，云制造服务平台可以分为以下两类，一是面向集团企业等大型企业的云制造服务平台。例如，中国北车股份有限公司研发的面向轨道交通设备的云制造平台，它属于私有云服务平台，集团企业整体具有很全面、很强的能力，不需要再从外部获取能力。但其内部各个子企业往往存在资源闲置或因为沟通不利产生重复建设的现象。这类云制造服务平台的主要目的是优化配置其内部的制造资源和制造能力，来提高企业资源和能力的利用率，避免资源闲置、减少重复建设，从而降低生产成本、提高企业竞争力。二是面向中小企业的云制造服务平台，它属于公有云服务平台。由于中小企业在创业发展初期整体实力较弱，常常遇到资金欠缺、生产能力不足等问题，在竞争激烈的市场环境中处于不利地位。通过这类云制造平台，中小企业可以汇集各个企业的制造资源或者制造能力，采用以制造任务为引导的虚拟组织的形式来提高整体竞争力，为中小企业获取更多的利润。目前中小企业在我国的经济组成中占据了很大的比重，对我国的经济发展起着重大的作用。

1. 传统虚拟企业合作体系

虚拟组织是在新的制造环境下应运而生的组织形式，它解决了传统企业所遇到的一些困难，更能适应当前的制造环境。传统虚拟企业合作体系如图 5-3 所示。传统虚拟企业内部各成员使用异构的应用系统，其应用系统采用的实现方法都是基于不同分布技术的，因此必须在集成的两端部署统一的接口，核心企业必须提供多种接口以实现和成员企业之间的应用程序对接，这就导致了资源的重复部署。虚拟企业内部各个企业的数据格式不统一，信息共享困难，导致企业无法主动地

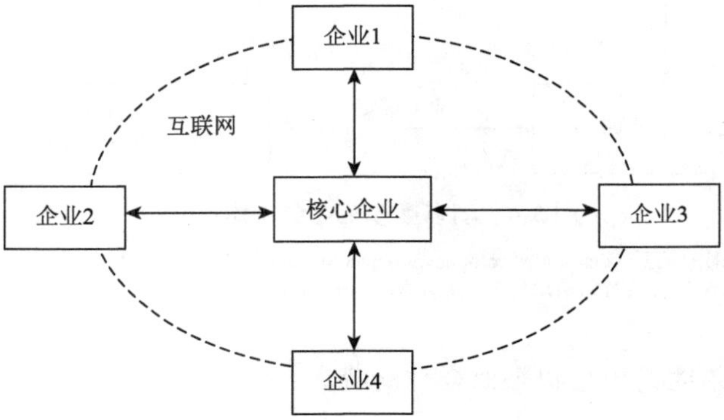

图 5-3　传统虚拟企业合作体系

发现新的潜在的商务合作伙伴，对于新出现的具有更高潜在合作可能性的企业实体，企业无法通过自身机制及时获取相应的企业信息并与之进行集成，从而失去了合作的机会。传统的虚拟企业组织结构相对固定，成员数量相对稳定，在建立虚拟组织时，需要一致的成员企业的业务接口以及相互之间统一的文件交互格式，代价高、可伸缩性差。

2. 基于Web服务架构的动态虚拟企业合作体系架构

Web服务技术是一种只需一次部署就到处可用的新型分布式对象技术，所有的应用只需连入互联网就可以使用和集成。Web服务体系架构是基于现有的软硬件基础的，与平台无关，对应用系统接口进行统一封装，为企业集成双方提供了一种松散耦合的机制，服务的描述、注册、查找及调用都基于XML格式的消息进行，XML是一种完全的跨平台的标记语言。UDDI机制为企业的注册提供了统一的管理平台，企业可以通过自发的无人参与的方式，发现并且集成新的企业合作伙伴，从而实现与虚拟企业合作伙伴的动态合作。一种支持服务质量（quality of service，QoS）监管机制、基于Web服务架构的动态虚拟企业合作体系架构如图5-4所示。动态虚拟企业各成员处于一种异构的分散的环境中，服务技术实现了各个成员企业间的无缝集成和互操作，但各企业必须部署相应的软硬件资源，提供成员企业之间的应用程序对接，导致资源的重复部署，给中小企业造成沉重的负担，同时，资源部署会降低企业市场响应力，从而影响动态虚拟企业的敏捷性。

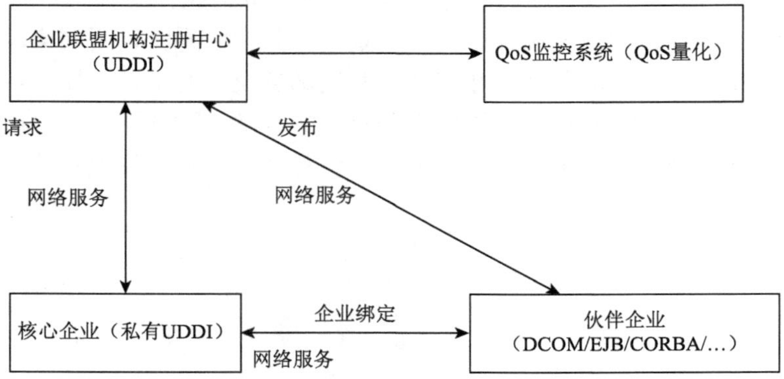

图5-4　动态虚拟企业合作体系架构

DCOM为分布式组件对象模型（distributed component object model）；EJB为企业Java组件（enterprise Java Beans）；CORBA为公共对象请求代理体系结构（common object request broker architecture）

3. 云制造环境下的虚拟企业合作新模式

云制造是一种利用网络服务平台，按用户需求组织各类制造资源，为用户提供各类按需制造服务的网络化制造新模式，是网络化制造与服务技术、云计算、云安全、高性能计算、物联网等技术的融合，以实现各类制造资源（制造硬设备、计算系统、软件、模型、数据、知识等）统一、集中的智能化管理，为制造全生命周期过程提供可随时获取、按需使用、安全可靠、优质廉价的各类制造服务。通过云制造服务平台，企业可以将自身的各类资源轻松自由地接入，为企业的发展及谋求合作提供了更为广阔的空间，为虚拟企业提供新的培植环境。在云制造和虚拟组织合作体系的基础上，一种面向云制造服务平台的虚拟组织合作体系如图 5-5 所示。

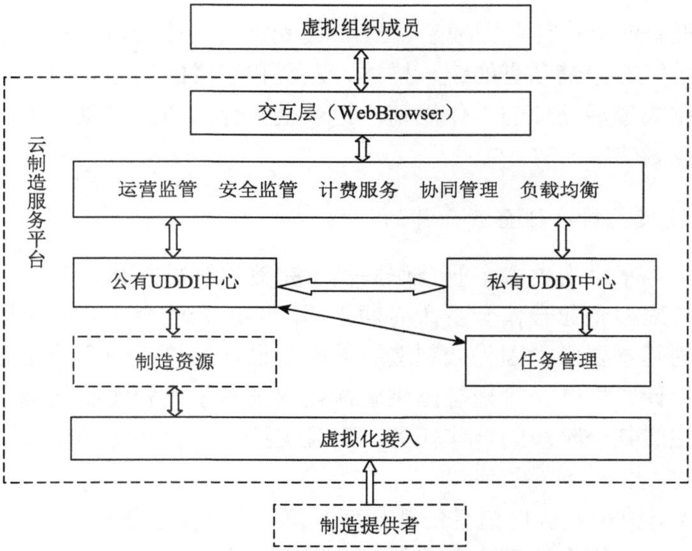

图 5-5　面向云制造服务平台的虚拟组织合作体系

云制造环境下虚拟企业伙伴完整的合作流程描述如下。

（1）核心企业对市场进行决策分析，明确合作任务，通过交互层向云制造服务中心提出组建虚拟企业服务请求。

（2）云代理层（cloud broker layer，CBL）响应用户请求，将合作任务发送给应用层，借助云制造服务平台合作任务管理模块对合作任务进行分析管理，根据企业实际需求将任务划分成若干子任务，通过应用层内部工作流引擎建立好各子任务间相应的先序关系。通过 CBL 将划分子任务的过程通过交互层和用户进行交互，用户确认后由用户进一步输入各子任务服务约束（如企业信誉、生产成本）等必要参数信息，否则接受用户进一步修正。

（3）CBL 向存储层发送带有用户约束的云服务（cloud service，CS）查询请求，存储层根据用户对各子任务的服务约束，对各制造云（manufacturing cloud，MC）中的海量 CS 进行初步筛选，返回满足用户约束的候选云服务信息。

（4）应用层云服务组合引擎执行组合优化智能算法进行云服务组合求解。

（5）CBL 通过交互层向企业用户返回一组（或若干组）优化的云服务组合（cloud service composition，CSC），接受用户的进一步确认。

（6）用户确认后，CBL 通知平台层为核心企业搭建私有 UDDI，开始虚拟企业运行过程；否则，用户修正任务权重或约束信息，转第（3）步。

（7）虚拟企业运行期间，通过 CBL 完成虚拟企业各成员之间的各项服务交互请求，如任务调度服务、协同设计服务、知识共享服务、利益分配协商服务等。

（8）虚拟企业合作任务完成后，CBL 接受核心企业与虚拟企业联盟的解散请求，向平台层发送撤销私有的统一描述、发现和集成的消息，清理相关合作伙伴业务，协助完成善后处理的工作规则，记录企业合作相关信息，更新企业合作信息库（如企业诚信等）等。

4. 云制造模式对虚拟企业合作的影响

云制造服务平台为虚拟企业合作提供了完美的解决方案。

（1）支持虚拟企业合作全生命周期协同。实现企业合作全生命周期的协同是云制造模式的基本要求，因为云制造服务平台设计的核心理念就是为制造全生命周期的协同设计、生产、管理等提供敏捷化的技术手段和实施保障，不仅支持多个企业协同完成某个阶段的合作任务，而且支持多个企业协同完成跨阶段的制造任务。

（2）支持虚拟企业合作信息资源高度共享。具有弹性架构的云制造服务平台，可实现松耦合、紧耦合等不同形式的企业协作，为虚拟企业资源高度共享和协作提供了新的应用集成平台，企业可以将自身过剩的制造资源或制造能力封装成云服务虚拟化接入云制造服务平台，提高企业自身参与竞争与合作的机会。在虚拟企业组建时，云制造服务平台为虚拟企业建立私有 UDDI，既实现了虚拟企业内部成员的信息共享，也实现了虚拟企业的信息封装。

（3）支持虚拟企业信息集成。云制造利用物联网、虚拟化等技术将企业制造资源或制造能力封装并服务化后发布到云制造服务平台，支持分布异构的制造资源、能力的集成和高度共享，可以敏捷、快速、灵活地组成各类云制造服务以及时响应用户需求，用户可以通过云端访问和按需使用云制造服务平台提供的各类云服务。

（4）支持虚拟企业合作成员云端自由接入访问。云制造服务平台云端化访问技术降低了企业的准入门槛，虚拟企业的组建、运行和解散等全生命周期活动都交由云制造服务平台任务管理模块完成，企业无须自己重新部署虚拟组织运行必需的软硬件基础设施，在云制造服务模式下，虚拟企业合作全过程都是以服务的方式展开的，即组建即服务、运行即服务以及解散即服务等。云服务可以帮助任何一个不精通技术的中小企业花很少的运营成本快速并科学地构建符合其商业需求的企业信息化平台，极大地降低企业运营成本，使中小企业组建企业联盟，转变寄生、附生地位，争取核心、主导地位成为可能。

（5）支持虚拟企业合作第三方诚信监管。作为第三方云服务运营平台，云制造服务平台能够实现企业合作全生命周期过程的全程监管和控制，通过企业诚信管理模块对企业合作诚信进行合理度量和通过相应的诚信奖惩机制对企业诚信进行监管，基于企业合作历史或记录为企业建立诚信档案，激励企业诚信合作，提高企业的诚信度。

可见，云制造技术为实现异构环境下跨平台、跨领域的多元化企业合作奠定了重要的理论和应用背景。

5.3　北京制造业组织形态发展趋势

任何一种企业组织与管理模式都是当时社会、经济发展和科技进步的产物。技术的发展，特别是互联网的发展正在把企业组织形态带向下一阶段，即模块化的组织形式。企业各种业务能力要素（知识、资产、流程等）可以独立出来，跨企业进行新的资源组合，以利用其他企业的技术和能力优势。新的企业组织形态初露端倪，在一些国家的部分行业已经展现。19 世纪晚期到现在，企业从分散到聚合，从聚合到分散，再到灵活的网络化组织形式是其基本发展轨迹。企业组织形态变化的直接原因在于交易成本的变化，其根本原因是科学技术的不断进步。但很可能还有其他因素从多个方面决定着企业结构，影响着企业组织形态的变化。因而，企业组织形态呈现出多样性和复杂性。科学技术是不断发展的，制度环境也在不断变化，企业的组织形态肯定不会停留在一个界面上，下面将讨论北京制造业组织形态未来大体的发展趋势。

5.3.1　组织结构的扁平化

在信息技术和网络技术的推动下，企业信息可以在同一层次上传递和共享，而不必自上而下层层下达或自下而上逐级汇报。传统的企业员工之间的纵向关系在企业信息网络平台（数据平台）上变成了纵横交错的平等关系。且企业管理人员的信息沟通能力和管理跨度已成倍甚至数十倍地增长，从而大大压缩了企业组织结构的层级，向扁平化方向发展。

扁平化的组织结构是一种静态架构下的动态组织结构，它改变了原来层级制组织结构中的企业上下级之间、部门与部门之间以及组织与外部之间的联系方式，具有敏捷、灵活、快速、高效的优点。其最大的特点就是等级型组织与机动的计划小组并存，具有不同知识的人分散在结构复杂的组织形式中，通过凝缩未来时间与空间，加速知识全方位运转，以提高组织绩效。

5.3.2　组织关系的网络化

随着企业对管理软件、企业数据信息系统和网络技术的运用进一步深化和加强，传统的职能管理部门的大部分重复性管理工作由企业管理软件完成，职能部门的任务只是制定和修改控制程序、处理例外事件等，且其工作方式不再是传统的等级命令型，而是共同协商、相互帮助型。在企业内部网络平台的帮助下，员工之间的纵向分工不断减少，而横向分工和协作不断加强。企业组织过去以控制命令为核心的组织关系逐渐变成一个相对平等和自主、富于创新的网络关系。组织关系的网络化的最大益处就是减少了企业决策与行动之间的延迟，加快了对市场和竞争动态变化的反应速度，从而使组织的能力变得柔性化，反应更加灵敏。

5.3.3　组织规模的小型化

自工业革命以来，很多企业通过扩大企业规模、增加企业产量来追求规模经济效益。这种观念在很长一段时间内是有效的。然而，在基于互联网的电子商务面前，小公司可以通过使用较少的成本来建立全球的销售系统，在开放的市场中平等地与其他企业进行竞争，且小公司的灵活性和创新性明显强于大企业，所以组织规模的小型化也是组织形态发展的趋势之一。

组织规模的小型化并不是指其产值或市场的缩小，而是指人员和组织机构的缩小。面对市场的激烈竞争，许多大公司正通过分离或剥离、授权、企业流程再造、业务外包或建立战略联盟等方式来使自己的经营实体小型化，从而达到降低成本、提高应变能力、提升竞争能力的目的。

5.3.4　组织边界的柔性化

在新经济条件下，由于信息技术尤其是电子商务的应用，企业的交易费用大大降低。同时，外包业务的发展也使组织并不是等到所有的资源和能力完全具备才进行生产，而是将非核心业务剥离从而集中于核心业务。这些使组织产生另一个变化，就是无论内部边界还是外部边界都变得更加模糊、更加富有柔性和灵活性。

组织边界的柔性化使企业的资源、信息等更易于传递和扩散，使信息、资源能够快捷、便利地穿越传统组织的边界，促进各项工作在组织中顺利开展和完成，使组织作为一个整体的功能远远超过各个组成部分的功能之和。

5.4 本章小结

随着全球经济一体化趋势加剧，用户对产品不断提出多样化和个性化的需求，企业面对不断变化的市场，竞争日趋激烈，为求得生存与发展，必须具有高度的柔性和快速反应能力。为此，现代企业向组织结构简单化、扁平化方向发展，将知识、技术、资金、原材料、市场和管理等资源联合起来的虚拟企业组织形态应运而生。云计算的出现，为企业（特别是中小企业）提供了美好的网络化应用新模式，云制造服务为企业提供动态按需获取的制造资源或制造能力服务，为实现全生命周期的任务协同提供支持。虚拟企业的本质特征敏捷性也是云制造的目标，云制造为实现虚拟企业敏捷性提供了新的手段。

第 6 章　云制造环境下北京制造业资源优化配置研究

云制造服务环境主要由制造服务需求方、制造资源提供方和云制造服务平台运营方组成。制造资源提供方提供的各种制造资源通过虚拟化、服务化后，形成虚拟的制造资源云池。云制造环境下的制造资源优化配置指根据制造服务需求方提交的不同制造任务，云制造服务平台为其配置合理的制造资源服务（manufacturing resource service，MRS）或制造资源服务组合，并交由制造资源提供方完成制造任务的过程。本章从云制造资源优化配置的概念、北京制造业云制造资源优化配置方法研究框架、北京制造业云制造资源优化配置过程、北京制造业服务资源供需匹配问题研究四个方面进行研究与分析。

6.1　云制造资源优化配置的概念

6.1.1　云制造资源优化配置问题概述

在传统的网络化模式中，制造资源的使用和分配多以制造资源为中心，而不是以制造服务和用户为中心，制造资源对于任何用户都是同一种固定的使用模式，制造资源管理者无法根据用户的个性化需求提供相应的制造服务，从而影响了用户的使用积极性，进而阻碍了相关制造模式的发展。因此，合理的制造资源使用方式和分配机制对于云制造的推广和实施至关重要。作为面向服务的制造模式，云制造可以提供产品制造全生命周期的云制造服务（cloud manufacturing service，CMS），在云制造任务（cloud manufacturing task，CMT）需求确定的前提下，如何找到最优的云制造资源（cloud manufacturing resource，CMR）或云制造资源组合（cloud manufacturing resource composition，CMRC）以满足云制造服务需求者的制造需求成为至关重要的问题。

根据复杂程度的不同，可以将云制造服务需求者所提交的 CMT 分为单一 CMS 需求的 CMT 和组合 CMS 需求的 CMT。根据 CMT 内容和要求的不同，云制造服务平台为其匹配具有相应服务能力的 CMS。首先，针对已经选定的 CMS，需要由合适的 CMR 来完成制造服务，即需要为 CMS 分配一个或几个候选 CMR 集合。其次，云制造环境中存在大量具有相同功能的 CMR，需完成相同功能 CMR 的汇聚从而确定 CMS 的候选 CMR 集合。再次，针对单一 CMR 需求的 CMS，在候选

CMR 集合中选择最佳的 CMR 来完成相应的制造服务。最后，针对组合 CMR 需求的 CMS，选择最佳的 CMRC 来完成相应的制造服务。

云制造环境下 CMT、CMS 和 CMR 之间的组织关系如图 6-1 所示。

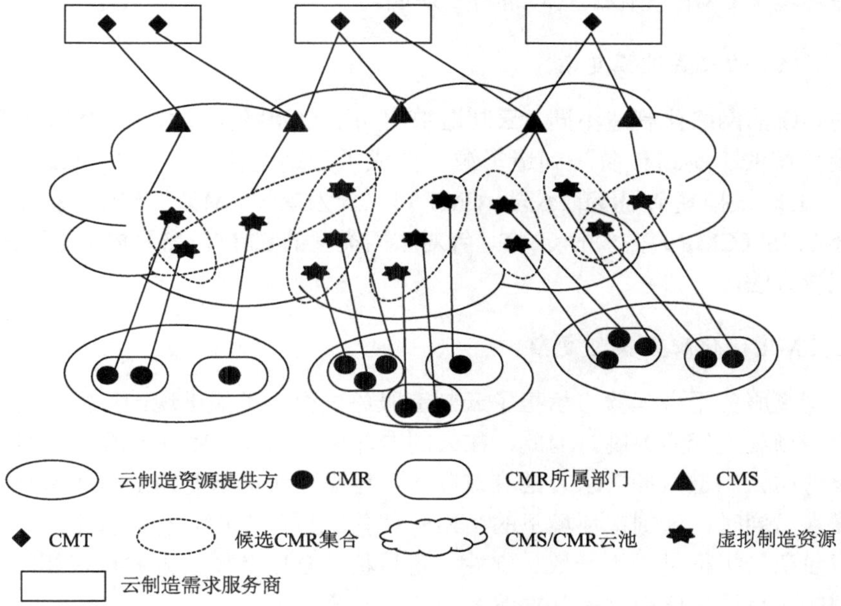

图 6-1　云制造环境下 CMT、CMS 和 CMR 之间的组织关系

6.1.2　云制造资源优化配置问题的典型特征及其复杂性分析

目前，已经有不少学者对车间内部的制造资源优化配置问题和制造网格等传统网络化制造模式下的制造资源优化配置问题进行了研究。但是，云制造模式下的制造资源优化配置方法的研究还处于起步阶段，区别于传统的制造资源优化配置问题，云制造环境下的 CMR 优化配置问题具有以下几个特点。

1. CMT 复杂多样

云制造服务平台集成了产品制造全生命周期的 CMS，因此云制造环境中的 CMT 也遍布于产品制造全生命周期的各个阶段，不同的 CMT 之间存在很大的差异，为了满足不同 CMT 的任务需求，需要根据 CMT 的特点，提出不同的 CMR 优化配置问题的解决方法。

2. CMS 与 CMR 纷繁复杂

CMS 是连接 CMT 和 CMR 的纽带，云制造环境下的 CMS 不仅遍布全生命周期制造服务的各个环节，而且对于同一环节的 CMS，也因为制造功能的细分而划分出许多子类 CMS。云制造环境下的 CMR 存在多样性、动态性、分散性、异构性和海量性等特点，并且 CMS 与 CMR 的映射关系错综复杂。上述问题均增加了云制造环境下 CMR 优化配置问题的复杂性。

3. CMR 的配置过程复杂

与传统的网络化制造不同，云制造中增加了 CMS 的概念，而 CMR 的配置过程也由传统的“制造任务—制造资源”变成了云制造模式中的“CMT—CMS—CMR”，同时根据复杂程度的不同，CMT 可以分为单一 CMS（CMR）需求的 CMT 和组合 CMS（CMR）需求的 CMT，针对不同类型的 CMT，需要提出不同的 CMR 优化配置方法。

4. CMR 优化配置模型复杂

云制造服务平台运营方承担了云制造服务过程中可能出现的风险，是制造服务安全、顺利进行的关键。因此，在云制造环境下的 CMR 优化配置过程中，不仅需要考虑云制造服务需求方的利益需求，还需要考虑云制造服务平台运营方的利益需求。同时，云制造环境下的 CMR 优化配置问题还具有评价指标众多、指标构成复杂、指标量纲不一致、定性与定量相结合以及候选方案众多等特点，属于典型的多目标优化问题，其求解过程往往十分复杂。

5. CMR 优化配置模型参数的确定过程复杂

云制造环境下的 CMR 优化配置模型中存在大量与 CMR 的属性相关的参数，这些参数因 CMR 的不同而不同。传统的制造资源优化配置过程中，通常依赖专家知识和经验来确定这些参数，其结果往往存在一定的主观性。而云制造环境中的 CMR 信息化程度较高，因此在云制造模式运行的过程中，会积累大量与制造服务相关的数据，如何利用这些数据来确定 CMR 优化配置模型中的参数也是 CMR 优化配置问题的研究过程中需要解决的难题。

为了实现云制造环境下的制造资源优化配置，需要在上述分析的基础上，进一步明确云制造资源优化配置的关键实现过程。

6.2 北京制造业云制造资源优化配置方法研究框架

面向用户个性化需求的云制造服务配置框架是一个现代信息与管理技术相结合的体系架构，不仅需要应用各种先进技术，也需要强调组织和管理机制上的相互协同。各层次之间的逻辑关系以及具体功能介绍如图 6-2 所示。

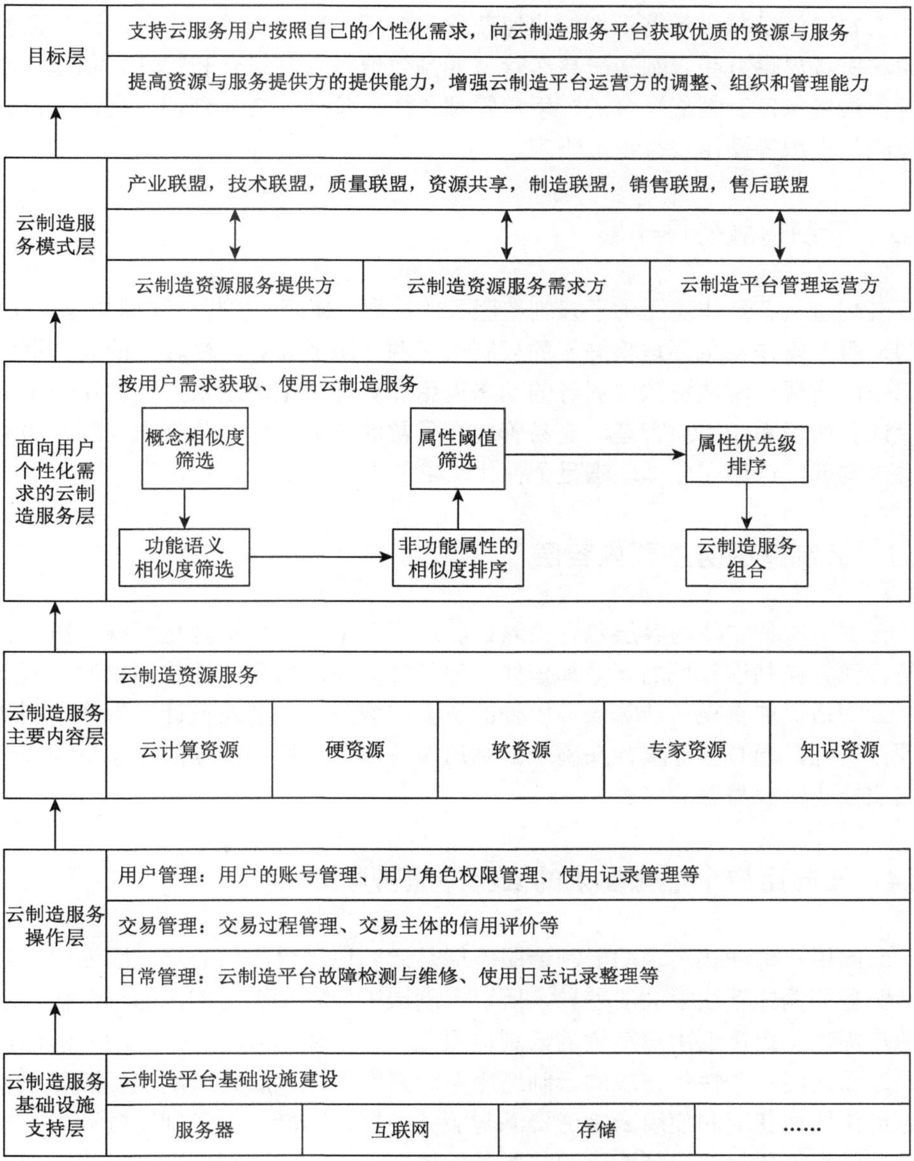

图 6-2　面向用户个性化需求的云制造服务配置框架

6.2.1　云制造服务基础设施支持层

基础设施支持层包含了服务器设施、存储设施、网卡线路布局、互联网、无线网、物联网等硬件基础设施建设，基础设施建设是云制造平台的基础，主要体现在云制造资源与服务需求方能快速获取和使用云制造资源与服务，同时云制造资源与服务提供方和云制造平台运营方能高效地提供、组合和管理云制造资源与服务。最终保证云制造平台进行用户管理、角色管理、交易管理、日常操作、故障检测与维护等操作获得正常响应。

6.2.2　云制造服务操作层

云制造服务操作层提供了云制造服务的提取、使用、提供、管理与运营功能。云制造服务操作层主要是将静态的云制造资源与服务和灵活性较大的人力资源结合起来，实现云制造资源与服务的动态调用和管理，是满足用户个性化需求的重要保证。所以系统用户管理、交易管理和日常的业务工作，就交由云制造服务操作层来实现，该层充分体现满足个性化需求的人机交互能力。

6.2.3　云制造服务主要内容层

云制造服务主要内容层包含接入云制造平台中的各种资源与服务。虽然云制造是云计算在制造领域的落地和延伸，但是针对面向用户个性化需求的云制造服务，云制造更加重视云计算服务以外的资源与服务，如涉及设计、生产、制造的软硬件资源，同时更加重视在整个云制造服务生命周期中所需的专家资源和个性化知识描述资源与服务等。

6.2.4　面向用户个性化需求的云制造服务层

面向用户个性化需求的云制造服务层是云制造平台的核心层。因为用户对云制造服务的偏好存在很大的差异，所以云制造平台为了满足用户的个性化需求，为用户提供了更接近用户期望的云制造服务，充分体现云制造平台的灵活性，主要通过面向用户个性化需求的云制造服务层来实现。该层为云制造资源与服务需求方提供快速获取和使用云制造资源与服务的接口功能，为云制造资源与服务提供方提供虚拟化封装云制造资源与服务的接口功能，为云制造平台运营方提供高效组织和管理云制造资源与服务的接口功能，主要原理是根据云制造平台用户的角色，提供相应的功能权限。

6.2.5　云制造服务模式层

为了满足用户的个性化服务需求，仅靠单一资源或服务提供商很难在最大程度上满足不同用户的任务需求。那么支持云制造服务平台的云制造资源与服务提供方、云制造资源与服务需求方和云制造平台管理运营方，根据角色权限以及各种利益关系，建立各种形式的联盟，从而为满足用户的个性化需求增加不少可能性，同时也能有效促进云制造平台成功实施云制造资源与服务，实现资源与服务的优化配置。

6.2.6　目标层

目标层明确了面向用户个性化需求的云制造服务配置系统的总目标。为了促进云制造服务配置系统中资源和服务的种类与数量持续增长，提高云制造平台运营方的调整、组织和管理能力，不断增强面向用户个性化需求的云制造服务配置能力，企业不仅要能够按照任务需求制造和提供资源与服务，而且要增强企业之间灵活、动态的业务协同能力，从而促进云制造服务模式下资源与服务的共享和优化配置。

6.3　北京制造业云制造资源优化配置过程

在云制造环境下，制造资源经过标准统一的封装形成虚拟的服务资源。云制造平台实现了制造资源多层次、多粒度的资源信息共享，资源提供者不再是单一的实际部门，而是一个经过虚拟化的车间、制造单元及底层加工设备等的资源服务。因此，如前所述，云制造资源的优化配置问题就是找出最优动态资源服务链。云制造环境下的 CMR 优化配置是指云制造服务平台根据云制造服务需求者所提交的 CMT，通过相应的 CMS（CMSC），为其配置合理的 CMR（CMRC），进而完成制造服务的过程。

6.3.1　云制造环境下的 CMS 与 CMR 建模及其映射

CMS 和 CMR 是使云制造服务平台得以提供制造全生命周期服务的核心元素。为了便于 CMS 与 CMR 的管理与信息的表达，需要建立 CMS 和 CMR 的信息模型。对于云制造服务平台中的每一个 CMS，其都对应云制造服务平台中所有可以完成该制造服务的 CMR，即每一个 CMS 都对应一个候选 CMR 集合，而 CMS 的服务功能属性信息，又来自所有候选 CMR 功能信息的汇聚和抽象。因此，为了完成 CMS 的信息描述、建立 CMS 的候选 CMR 集合，需要完成 CMS-CMR 映射。云制造环境下 CMR 优化配置的实现过程主要包括 CMS 与 CMR 建模及其映射、CMR 综合评价、CMRC 优化选择模型参数估计、CMRC 优化选择四个关键过程，如图 6-3 所示。

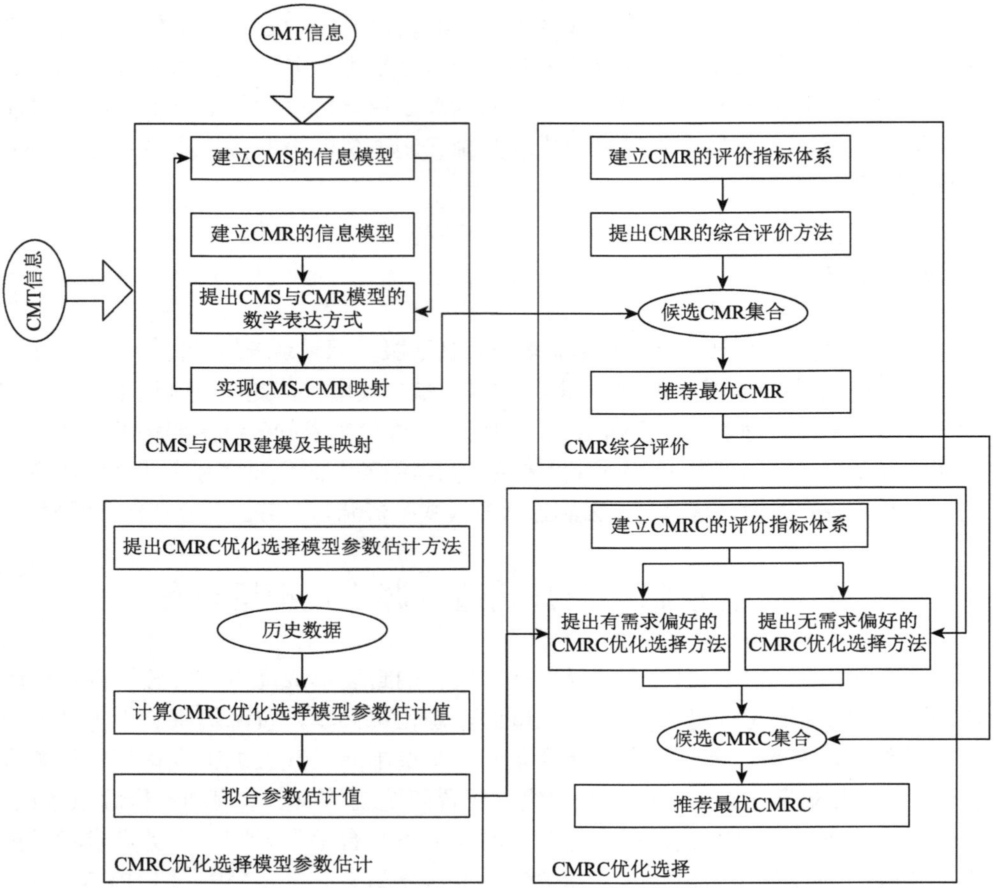

图 6-3　云制造环境下 CMR 优化配置的实现过程

6.3.2　预选制造资源

用户通过云制造平台发布制造任务需求，云平台根据任务分解机制，将制造任务分解成若干个子任务；然后根据制造资源属性搜索相关资源，获得预选资源集合。

由于制造业的特殊性，资源具有的加工能力是衡量资源是否能够满足加工任务要求的最重要指标。因此在虚拟企业制造资源的选择过程中，首先要考虑制造任务与资源能力的匹配，要以满足制造任务对资源的功能要求为前提。预选的过程如图 6-4 所示。

（1）需求任务分解。首先按类型对制造任务进行分解，任务分解的粒度要与制造资源封装的粒度相匹配，以保证每个子任务都有相应的资源来完成。

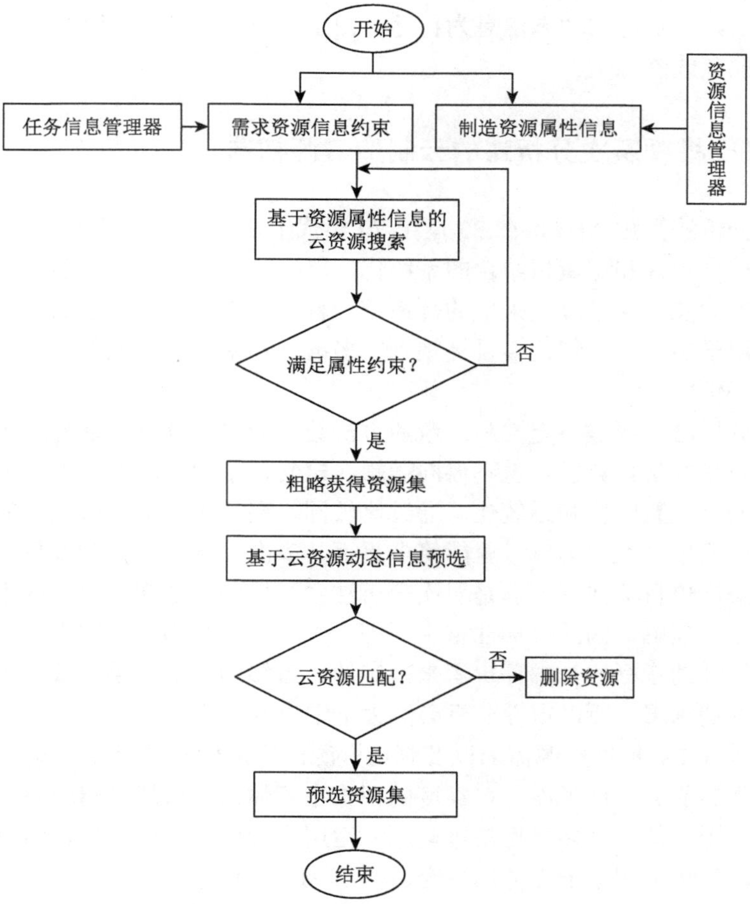

图 6-4　云制造资源预选过程

（2）资源约束描述。根据用户的要求，确定完成需求子任务相对应的资源以及资源的约束条件。本章中，采用与制造资源属性描述相一致的资源约束描述方式，根据具体需求任务的特点，确定资源的属性约束，以服务资源的部分信息约束作为服务资源初选的依据。预选的目的是选出满足需求任务功能要求的服务资源，而时间 T、成本 C、服务 S、质量 Q、信誉度 R、可靠度 Re 评价属性约束在这一阶段未做考虑。

（3）预选。在云制造资源信息管理中，首先，从资源基本信息开始，根据需求信息的资源类型要求，检索出满足资源类型需求的服务资源，并获取搜索到的服务资源的属性信息；其次，依据需求任务的功能信息要求，通过模糊匹配（语义匹配、约束匹配）规则，剔除掉不满足加工精度、加工范围及几何形状要求的资源；最后，以资源的动态信息为目标，由于动态信息具有实时性，通过逻辑判断资源获取预选资源集。

6.3.3　基于模糊层次分析法的云制造资源初选

层次分析法简称 AHP，在 20 世纪 70 年代中期由美国运筹学家 Saaty 正式提出。它是一种定性和定量相结合的系统化、层次化的分析方法。层次分析法将系统作为研究对象，决策过程采用的是系统分解、比较判断、综合的思维方式。该方法多应用于多属性决策、多目标规划、多准则约束、多时期不确定且无结构特性的系统评价中。

层次分析法主要是将定性和定量的方法结合起来，分解复杂的系统，所以它既不偏向数学的量化分析，也不偏向逻辑、定义、推理方面的定性分析。它能将人们思维的过程数学化和系统化，通过比较同一层元素与上一层元素的数学量化关系，进行简单的数学运算，就能将多目标、多准则难以量化的多目标决策问题简化为多层次单目标问题，但是层次分析法主要依赖于主观评价者的思维过程和对问题的分析理解，因此更加注重主观评价者的分析和判断。因为各层次因素之间相对重要性的指标值是由评价者来确定的，最终的评价结果在很大程度上反映评价者的主观意志，所以定性分析必然大于定量分析。

初选过程中，根据资源需求以及制造资源评价指标的重要性，构建基于时间、成本、质量、服务、信誉度、可靠度的评价指标体系，求解各指标对于总目标的相对权重因子，是一个多目标决策问题，运用模糊层次分析算法，将目标转为单目标问题，为每个制造子任务选择合适的 5～10 个制造资源。

1. 云制造资源评价指标体系建立原则

云制造环境下的制造资源具有多样性、分散性、实时性、服务性等特征，由于制造资源的复杂性及云制造的系统性，在建立评价指标体系时需遵循下面几项原则。

（1）目的性和科学性。构建云制造资源评价指标体系的目的是通过模糊比较资源提供者的综合竞争力，选出满足资源需求方要求的候选资源集。指标体系要科学地表明资源提供方的实际情况，与实际相符。指标体系层次要恰当，层次太细，会出现舍大取小的情况；层次太粗，资源需求方无法明确资源概况。因此，建立指标时需经过科学分析，真实体现制造资源本质特征和云制造平台的特点，准确体现资源需求方对制造资源的要求，客观反映制造资源的实际情况。

（2）系统性和全面性。构建的指标体系除了全面反映制造资源的综合水平外，还应能够体现资源提供者未来的发展方向，因此，必须要做到动态指标与静态指标相结合，定性评价与定量评价相结合。也就是说，既要考虑定量指标，也要考虑定性指标，不能因为定性指标不方便度量而将其舍弃。实际上，只要科学、合理地设计定性指标的度量方法和度量标准，定性指标同样能对评价对象做出科学、系统的评价。选取指标时，利用多学科知识以及学科间的交叉和综合知识，需综合考虑环境和经济的影响，选取影响较大的主要因素，保证综合评价的全面性。

（3）层次性和独立性。评价指标体系是分层次的，一般在总体指标下，设二级、三级等层次指标，最后是最低层指标。另外，由于评价项目众多，指标体系应符合时间和空间上的可比性，应尽量避免相同或相近的指标重复出现，尽可能采用独立性强的指标和具有共同特征的可比性指标，做到简洁、概括并具有代表性。

（4）可行性和可靠性。可行性指在进行指标选取时技术上和经济上的可行性。技术上的可行性是指指标的科学性和获取的难易性，要求所选的指标能够涵盖企业关键的经营活动且所需资料能从现成的资料中迅速获得。经济上的可行性是指企业获取指标的经济成本的必要分析，即比较选取某些指标增加的精度和其获取成本的高低。筛选出合理、有效的指标，尽量排除信息不易收集到的指标。所选取的评价指标是客观存在而不是主观臆造出来的，意义明确，减少主观因素对评价结果的影响。

2. 云制造资源评价指标的选取

影响云制造资源优选的因素有很多，根据分析角度的不同，其侧重点会有所差异。而时间、质量、成本是制造加工的根本，是所有网络化制造模式中都涉及的，是基本指标。此外，由于云制造平台中资源提供者及资源使用者的异地性和分散性，对于制造资源的选择，除了需要考虑时间 T、质量 Q、成本 C 这些基本指标外，还要考虑所提供资源的服务性 S、信誉度 R 和可靠度 Re。表 6-1 给出了云制造资源优选的评价因素。

表 6-1　云制造资源优选的评价因素

一级评价指标	二级评价指标	评价细目分类	评价标准
时间 T	加工时间（硬资源）/运行时间（软资源、制造能力）	—	时间短
	物流时间（硬资源）/延迟时间（软资源、制造能力）	—	
成本 C	加工成本（硬资源）/运行成本（软资源、制造能力）	—	成本低
	物流成本（硬资源）	—	

续表

一级评价指标	二级评价指标	评价细目分类	评价标准
质量 Q	技术质量	几何精度	质量高
		尺寸精度	
		表面粗糙度	
		合格率	
	质量管理	质量认证能力	
		生产质量管理能力	
		检验和试验能力	
服务 S	服务能力	交货准时性	服务好
		服务响应速度	
		服务人员素质	
	服务方式	质量跟踪服务	
		终身保修服务	
信誉度 R	商誉	历史任务完成度	信誉度高
	工作成绩	历史任务完成量	
		历史任务完成效果	
可靠度 Re	技术可靠度	技术创新能力	可靠度高
		先进技术使用能力	
		设备维修能力	
	投入性	参加任务的重要程度	
		信息化的投入程度	

从表 6-1 中可以看出，资源评价指标分为一级评价指标和二级评价指标，由于制造资源种类繁多，并且每类制造资源的属性不同，制造资源指标的选取也会不同。因此，需根据实际情况来增加或删减评价指标。

在云制造资源服务评价体系中，有些指标越大越好，如质量 Q、服务 S、信誉度 R、可靠度 Re，规定为效益型指标；有些指标越小越好，如成本 C 和时间 T，规定为成本型指标。这 6 个指标的评价标准不一，需要对评价标准进行规范化。此外，时间 T 和成本 C 是定量指标，而质量 Q、服务 S、信誉度 R、可靠度 Re 是定性指标。

3. 基于 FAHP 的求解过程

1）建立层次分析结构模型

如图 6-5 所示，根据对问题的分析和了解，将问题所涉及的因素进行条理化、层次化归纳，形成多个组成部分，构成组成部分的因素称为元素。这些元素又按其特性及关系形成更高层次的因素，相邻层次间的相关因素起着支配作用。

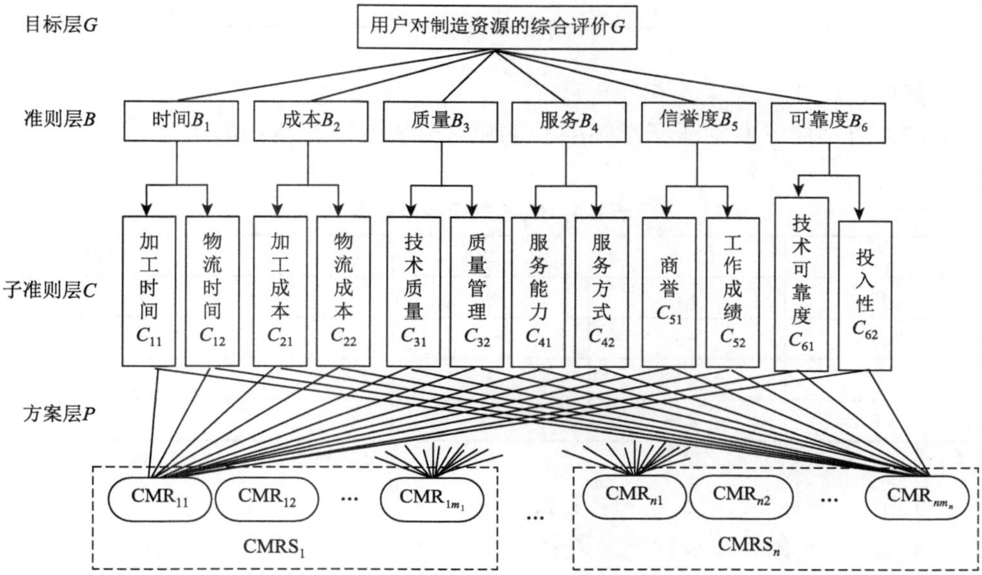

图 6-5　层次分析结构模型

CMRS 为云制造资源集（cloud manufacturing resource sequence）

2）建立模糊判断一致矩阵

（1）准则层 B 相对于目标层 G 的相对重要度如表 6-2 所示。

表 6-2　*G-B* 判断矩阵数据

目标 G	时间 B_1	成本 B_2	质量 B_3	服务 B_4	信誉度 B_5	可靠度 B_6
时间 B_1	b_{11}	b_{12}	b_{13}	b_{14}	b_{15}	b_{16}
成本 B_2	b_{21}	b_{22}	b_{23}	b_{24}	b_{25}	b_{26}
质量 B_3	b_{31}	b_{32}	b_{33}	b_{34}	b_{35}	b_{36}
服务 B_4	b_{41}	b_{42}	b_{43}	b_{44}	b_{45}	b_{46}
信誉度 B_5	b_{51}	b_{52}	b_{53}	b_{54}	b_{55}	b_{56}
可靠度 B_6	b_{61}	b_{62}	b_{63}	b_{64}	b_{65}	b_{66}

（2）子准则层 C 相对于准则层 B 的相对重要度如表 6-3 所示。

表 6-3 B_i-C_{ij} 判断矩阵数据

B_i	C_{i1}	C_{i2}
C_{i1}	$c_{i1,i1}$	$c_{i1,i2}$
C_{i2}	$c_{i2,i1}$	$c_{i2,i2}$

其中，$i = 1, 2, 3, 4, 5, 6$，$j = 1, 2$。

（3）方案层 P 相对于子准则层 C 的相对重要度如表 6-4 所示。

表 6-4 C_{ij}-P 判断矩阵数据

C_{ij}	CMR_{11}	CMR_{12}	…	CMR_{nn}
CMR_{11}	r_{11}	r_{12}	…	r_{1n}
CMR_{12}	r_{21}	r_{22}	…	r_{2n}
⋮	⋮	⋮		⋮
CMR_{nn}	r_{n1}	r_{n2}	…	r_{nn}

其中，$i = 1, 2, 3, 4, 5, 6$，$j = 1, 2$。

对表 6-4 中的数值进行适当调整，最终形成模糊一致判断矩阵 G。

3）求解方案层相对于目标层的权重 W

以子准则层为标准，计算方案层中各方案对于子准则层 C 的权重向量；以目标层为标准，计算准则层对目标层的权重向量。

6.3.4 基于最大继承法的云制造资源优选模型

制造资源的优选不但要考虑单个制造资源的相对重要性，还要从资源服务链的整体性出发，充分考虑所有资源整体的最优性。为了对各种可能的资源组合进行综合评价和优化，本节采用基于总成本的主目标优化方法，将其他指标作为次要目标，并转为约束条件，求解最优动态资源服务链。

经过制造资源的预选和初选，候选资源集缩小了，但是制造资源的初选主要是用户的主观愿望起主要作用，即对于制造资源指标的模糊选取，可以说是一种定性分析，并没有对制造资源的客观因素进行分析。因此，在制造资源的优选中，需进行定量计算分析，准确获取最优的制造资源。在制造加工过程中，不管传统制造模式还是现代网络化制造模式，成本、交货提前期、质量、服务、信誉度、可靠度是用户始终追求的目标，因此制造资源的优选过程也是一个多目标优化问题。各个目标间的最优策略的方向不同，依据市场经济的发展规律，用户一直追求的是低成本、短交货时间、高质量、好服务、高信誉度和高可靠度。在制造加工行业，各个目标间相互联系、相互影响、相互制约、相互冲突。也就是说，若选择短交货时间，则可能会导致制造加工成本的增加及服务效果的降低。此外，各个目标没有统一的度量标准，难以进行直接比较。因此，在求解多目标优化问题时，需将多目标问题转化为单目标问题。制造资源初选及优选过程见图 6-6。

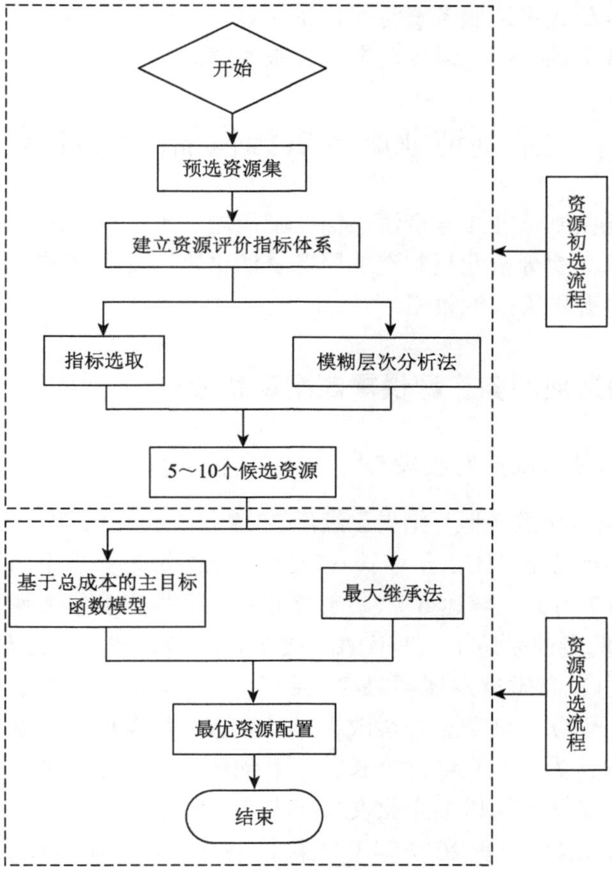

图 6-6　制造资源初选及优选过程

对于多目标问题的求解，现有文献基本都采用遗传算法、蚁群算法、模拟退火算法等启发式算法，所采用的算法虽然能够进行全局搜索和全局优化，求得近似最优解，但是算法初始参数的选择更多地靠实验和经验，并没有理论依据，如果参数的初始值设置不合理，会降低算法的全局搜索能力和搜索速度，导致局部收敛，很难求得最优解。北京七维高科科技有限公司自行开发的一种全局优化算法——最大继承法解决了参数初始值确定问题，即通过 1stOpt 工具软件包随机给出，通过其独特的全局优化算法获取最优解。

采用最大继承法求解云制造服务资源优选数学模型，找出满足时间、质量、成本、服务、信誉度、可靠度约束条件的最优制造服务资源，具体实现过程如下：通过对云制造资源预选、初选和优选的分析计算后，若依旧没有获得满足需求任务要求的制造资源，则应该扩大预选步骤中功能信息的限制条件以及优选过程中的约束范围，以放大可选服务资源的范围。重复上面的步骤，最终得到使资源需求方满意的服务资源，形成最优动态资源服务链。

6.4 北京制造业服务资源供需匹配问题研究

本节研究北京制造业服务资源供需匹配问题，首先分析北京制造业服务资源供需匹配现状；其次分析北京制造业服务资源供需匹配存在的问题；最后提出北京制造业服务资源供需匹配策略。

6.4.1 北京制造业服务资源供需匹配现状分析

1. 北京制造业与服务发展状况

2017 年北京全年经济运行结果已经于 2018 年 1 月 20 日出炉。2017 年实现地区生产总值 2.8 万亿元，比上年增长 6.7%，全市经济态势稳中向好。全市居民人均可支配收入 5.7 万元，增速 6.9%，超过北京地区生产总值增速。《北京青年报》记者在 2018 年两会前采访了一些代表、委员以及相关部门负责人，从整体来看，大家的见解集中在高质量发展要靠“创新”、“消费”和“环境改善”这三个“新引擎”上。创新、消费、环境改善带动北京经济发展。北京市发展和改革委员会相关负责人认为，北京经济增长首先靠创新。“三城一区”建设正在全面提速。2017 年，中关村规模以上企业收入维持在 14%左右，企业的研发支出增长快，全市大中型企业 R&D 经费 2017 年 1 月至 11 月比上年同期增长了 11.4%。服务消费的主带动作用进一步显现，2017 年全年，北京市场消费增长 8.5%，而服务性消费增长达 11.8%，服务性消费对总消费增长的贡献率已达近七成。

2. 北京的产业发展趋势

截至 2017 年 11 月，从严“禁限”调控的批发和零售业、农林牧渔业、制造业分别同比下降 32.5%、26.2%、25.8%；相反，高端服务业新增市场主体则持续活跃。科技、信息、金融三大高端服务业新增 6.9 万户，占全市新增市场主体的比重达到了 35.6%；高精尖产业新增的市场主体占比则由 2014 年的不到 40%，增长至 2017 年的近 50%。

北京对一般性制造业和高端制造业中比较优势不突出的生产加工环节加大禁限，也对区域性批发市场、物流基地、部分公共服务功能、部分行政性事业性服务机构实行禁限。而作为“大城市病”最为集中的区域，城六区的制造业、教育、卫生、社会团体等领域，都加大了禁限力度。此外，高耗能、高耗水、影响城市环境等行业，也均在此行列。

北京将大力发展“数字经济”，现代服务业，金融、文化创意产业，以及高质量的生活性服务业等产业；北京还将大力发展以先进制造业为代表的实体经济，2018 年出台的新一代信息技术、集成电路、医药健康、智能装备、节能环保、新能源智能汽车、新材料、人工智能、软件和信息服务以及科技服务业这十大高精尖产业指导目录，都将是重点支持发展对象。

据了解，京津冀协同发展领导小组办公室研究起草了京冀两省市政府《关于共同推进河北雄安新区规划建设战略合作协议》。在支持雄安新区建设方面，北京将依托既有常态化对接机制，切实加强沟通对接，定期就推进雄安新区规划建设发展、稳妥有序疏解承接北京非首都功能的重大事项、重大问题进行研究协商，推动各项任务落地实施。

6.4.2　北京制造业服务资源供需匹配存在的问题

数据显示，2016 年北京研发经费支出已达近 1500 亿元，占地区生产总值的近 6%，位居全国最高水平。这是北京的一大特点，也是一大优势，但也存在着很多不足。北京制造业服务资源供需匹配存在的问题主要包括：北京制造业服务资源供需不匹配导致产学研结合不够、北京面临激烈的科技资源竞争、从科技创新优势到产业竞争优势还有“最后一公里”、现代服务业发展质量和水平不均衡。

1. 北京科技资源丰富，但制造业服务资源供需不匹配导致产学研结合不够

（1）企业研发投入占比不高。从大的结构来看，研发投入更多地来自政府，企业占比很少，企业研发投入占 32.9%，而政府投入占了 57.4%，大部分还是靠政府投入。相比较美国企业研发投入 80%的占比，我们的企业研发投入明显积极性不够。从企业自身来看，很多企业自身研发投入强度不足 1%，低于发达国家 4%的平均水平，说明我们的企业没有成为创新主体，创新积极性远远低于发达国家企业的水平。

（2）产学研的结合依然不够。产学研依然没有做到融合发展，导致研发成果的转化率不高，这些都是与北京当前作为全国科技创新中心不相称的地方。

总之，目前北京面临的形势是：一方面中央要求很高，给予了很高的期望；另一方面企业的积极性并不高。

2. 北京面临激烈的科技资源竞争，如何利用好优势的科技资源面临挑战

当前，无论从国内来看，还是从全球来看，都开始激烈地争夺优势的科技资源。北京具有优势的科技资源，但北京由于商务成本等方面的制约，吸引力有所下降，据统计，两院院士占全国的比重已经出现了下滑。面对这种形势，我们必须进行重新布局、科学谋划，这部分在北京市《2018 年政府工作报告》（后面简称《报告》）中做了强调性说明（赵莉，2018）。

3. 从科技创新优势到产业竞争优势还有“最后一公里”

2018 年 1 月 23 日，北京市发展和改革委员会相关负责人在接受《北京青年报》记者采访时指出：要克服的困难主要有两个方面，一是北京经济调整升级力度加大。一般制造业在加快退出，但新旧动能转换还不到位，虽然战略性新兴产业增长很快，但比重较小，尚未成长为支柱产业，转型的阵痛给经济增长形成不小压力，但我们仍然要坚定不移地调结构、转方式，大力发展高精尖产业。二是北京科技资源优势明显，但从科技优势转化为竞争优势、生产力优势还有差距，科技创新成果转化“最后一公里”问题突出。

4. 现代服务业发展质量和水平不均衡

在高端制造业方面，《报告》强调要落实新一代信息技术等 10 个高精尖产业发展指导意见，在提升服务业方面，强调要提升金融、文化创意、商务等现代服务业发展质量和水平。这些都是相对高端的生产性服务业，但同时在有些方面也存在低端业态。例如，金融业从业人员大概有 50 万人，保险业占了 40%，但创造的增加值在整个金融业中的占比只有 5.2%，劳动生产率仅有每人 12 万元，相当于全市各行业平均水平的 60%，因此下一步这个方面还有很大的提升空间。

6.4.3 北京制造业服务资源供需匹配策略

《报告》要求，全面贯彻党的十九大精神，认真落实中国共产党北京市第十二次代表大会的决策部署，并重点强调，2018 年要着力做好八项重点工作。其中第四项重点工作为全力推进全国科技创新中心建设，加快构建高精尖经济结构。全国科技创新中心是北京的四大功能之一，在新时代应该说肩负着更大的责任。目

前，无法从国外引进一流的核心技术，美国对中兴等企业的贸易限制就是一个典型例子。现在真正的高端技术要靠我们自己去创新。北京拥有最多的创新资源，正如习近平总书记对北京发挥好科技创新中心作用的期望那样，必须抓好这项工作，落实好这项要求（孙奇茹和刘苏雅，2022）。特别是要用好北京制造业创新资源，实现北京制造业创新资源的供需匹配和供需协调是顺利完成这项工作的最佳策略。

1）发挥央企和央属高校资源，推进北京制造业发展

北京的央企、央属高校资源是非常丰富的，在北京创新资源中占有很大的比重，应该更加重视这个资源。《报告》提出，新建一批国家技术创新中心、国家制造业创新中心，就是依托着中央这些优势的科技资源，我们要建设一批国家技术创新中心、国家制造业创新中心，还要支持基础科学中心建设，加快国家技术标准创新基地建设。北京制造业的发展也需要充分利用好央企、央属高校的科技创新资源。

2）高水平推进“三城一区”建设

“三城一区”是在北京市第十五届人民代表大会上提出的。“三城”指的是三大科学城，过去我们只有两个，也就是大家所熟悉的中关村科学城和昌平未来科学城，2017 年以来又特别增加了怀柔科学城。从“两城”增加到“三城”说明：面临新形势，我们需要继续壮大科技创新的优势。《报告》里还提到要高水平推进“三城一区”建设，第一个是中关村科学城。中关村科学城是北京创新资源最为密集、创新活动最为活跃的地区。自从北京明确建设全国科技创新中心的定位以后，中关村科学城在范围上就扩大到了海淀区全域。目前，中关村科学城的创新很活跃，但主要是商业模式的创新，硬技术的创新比较少，大众创业比较多，高端创业比较少。所以，《报告》特别强调中关村科学城下一步的重点是聚焦。第二个是怀柔科学城。怀柔科学城在《报告》里的重点词是“突破”。在哪儿突破呢？就是要建立国际化、开放式管理运行新机制，深化综合性国家科学中心建设。根据 2020 年 10 月 22 日公示的《怀柔科学城控制性详细规划（街区层面）（2020 年—2035 年）》（草案），怀柔科学城规划范围总面积约 100.9km^2，主要是依靠中国科学院，把中国科学院很重要的一部分搬移过去支撑怀柔科学城的发展。第三个是昌平未来科学城。昌平未来科学城在《报告》的重点词语是“搞活”。怎么搞活？鼓励入驻央企加大研发投入，引导企业建立有利于创新的公司治理结构，积极引入民营研发机构、创新企业、高校等多元主体。“一区”在《报告》里面是这么说的：北京经济技术开发区要优化提升。优化提升的重点就是构建高精尖经济结构，它应该就是北京构建高精尖经济结构的主战场。那么，它的优化提升在《报告》里面强调要建立与三大科学城的对接转化机制，统筹大兴、通州等空间资源，与顺义协同发展，抓好一批重大项目落地，提高外资引进和开放发展水平，打造创新型产业集群。

3）对标国际一流，加快构建高精尖经济结构

《报告》提出要制定实施创新型企业培育壮大三年行动计划，支持行业领军企业、独角兽企业和隐形冠军企业发展壮大，做好重点企业“一对一”服务工作。为什么强调支持行业领军企业？我们从几个重点行业来看，多数龙头企业都不在北京，例如，汽车行业最顶尖的企业不在北京，北汽集团排在第四位；生物医药方面最好的是拜耳医药，全国排名第七位。所以说仅有这个行业远远不够，还要培育领军企业。什么是独角兽企业？就是指那些估值达到10亿美元以上的初创企业，这类企业成长迅速，潜力巨大。现在鼓励“双创”，需要有一些企业引领创新，提高核心竞争力。什么是隐形冠军企业？就是指那些长期专注于一个细分领域、市场份额很高的小企业，这些企业的特点就是行业外无人知晓、行业内无人不知。我们要做大做强实体经济，就要支持行业领军企业、独角兽企业和隐形冠军企业发展壮大。

4）建立开放融合的科技创新机制

《报告》强调，要与在京高校、科研院所建立深层次对接机制，做好科技成果在京落地承接服务工作；要支持高校与研发机构建设联合创新平台、协同创新研究院。这里强调的是产学研融合发展的问题，是个长期没有得到破解的老问题。在构建紧密合作的三大伙伴（产学研）关系方面，一些发达国家做得还是比较好的，它们的经验是我们可以借鉴的。例如，德国鲁尔科技园区就特别重视三大伙伴合作关系。也就是说，不能只引进创新型企业，还要有科研机构和高校，这三者缺一不可。当然，这里面还有很多问题，例如，要如何创新这种体制机制，如何让高校和科研机构能够围绕需求、围绕这个企业的问题去研究，创新成果出来之后又如何尽快地实现转化，这些都是当前还没有完全破解的问题。

举办地区工业互联网与智能制造高端论坛，推进北京制造业发展。北京市加快推进全国科技创新中心建设，北京市经济和信息化局指导，北京信息化和工业化融合服务联盟、北京企业转型升级服务联盟主办，天河智造（北京）科技股份有限公司等企业协办，共同举办了“2018北京工业互联网与智能制造发展论坛”。该论坛是2018年北京地区工业互联网与智能制造方向的高端论坛，论坛特邀主讲嘉宾来自欧特克、英特尔等全球领先工业互联网与智能制造服务公司，将以全球工业互联网与智能制造生态视角，围绕制造业热点话题以及企业痛点，剖析国内外工业互联网与智能制造现状，为企业当前转型升级面临的困难答疑解惑，并指引制造业产业链的发展方向。

6.5　本 章 小 结

本章通过实际的北京制造业企业制造环境和市场需求，构建了云制造服务资源优化配置模型及求解过程，可为云制造服务平台的建设提供方法参考，使企业

在激烈的市场竞争中实现共赢。在云制造平台中，中小企业可以租用制造设备加工产品，这样会节省企业购买和维护大型设备的费用，同时中小企业或者集团企业可以充分利用制造设备的闲置时间创造利润，降低企业的运作成本和机会成本。云制造能使中小企业在瞬息万变的市场中，快速实现企业内或企业间的协作，实现各种社会制造资源的动态集成，快速高效地响应市场需求，提高企业创新力和竞争力。本章还研究了北京制造业服务资源供需匹配问题，分别分析了北京制造业服务资源供需匹配现状、北京制造业服务资源供需匹配存在的问题，提出北京制造业服务资源供需匹配策略。主要包括发挥央企和央属高校资源，推进北京制造业发展，高水平推进“三城一区”建设，对标国际一流构建高精尖经济结构，建立开放融合的科技创新机制。

第 7 章　基于云平台的北京制造业科技服务资源共享研究

科技服务资源共享中的需求方主要为中小型企业，中小型制造企业由于受企业本身资金、规模和创新能力等的制约，虽拥有新产品的设计创意或方案，但由于无法获得足够的科技服务资源，无法投入设计、试验或生产，不能有效地产生产品效益，最终严重地影响企业的长期发展。本章主要进行北京制造业科技服务资源共享研究，讨论建立北京科技服务资源云平台的必要性，并根据科技服务资源共享中的需求进行云平台的功能设计。为了更好地满足中小型企业的需求，提出云平台建立信用评估体系、实现供需智能匹配等管理策略。

7.1　建立北京科技服务资源云平台的必要性

我们对目前已经建立的科技服务资源共享平台进行分析，发现大部分平台是政府引领建设的公共基础服务设施，平台上的资源供给方都是高校、研究所和国有企业，性质单一，这是由于资源供给方受政策影响从而参与资源共享。由于政府建立云平台缺少奖励机制，更多为无偿性的科技服务资源共享，因此各个国有性质的资源供给方对资源共享并不积极，更多只是响应政府的号召。所以，共享的资源比较基础，主要是仪器设备和数据。因此政府建设云共享平台并不能获得很好的效益，可以通过政府委托第三方来建立云共享平台，降低对企业科技服务资源共享过程的干预，主要做法是：①自由竞争，提高企业的积极性；②更多地利用经济方式进行调控，而不是行政文件；③推进科技服务资源评级分类；④使科技服务资源供给方和科技服务资源需求方各得所需；⑤通过经济方式打破科技服务资源供给方对科技服务资源的垄断，有利于小企业进行产业升级。

7.2　北京科技服务资源云平台的功能设计

7.2.1　北京科技服务资源云平台的功能设计原则

北京科技服务资源共享集资源、技术、经济与人力资源为一体。为保证北京科技服务资源云平台能够稳定运行和可持续发展，必须明确北京科技服务资源云平台功能设计的基本原则，即实现资源、技术、经济与人力资源这四个要素的相互协调。

（1）标准化原则。标准化是北京科技服务资源云平台功能设计要遵循的基本原则之一。这一平台功能设计的核心在于“共享”，而“共享”又必须以标准化为基石。如果没有标准化原则，就会使北京科技服务资源云平台的构建独立于整个科技信息资源甚至其他数字信息资源之外，这就无异于数字资源建设早期阶段的“孤岛”现象。这一共享平台功能设计，不仅仅要实现北京市的科技服务资源共享，而且要将其纳入全国乃至全球所有科技信息资源共享框架之中，只有遵循不同层次的标准，才能将北京科技服务资源云平台与其他科技信息资源形成一个互联互通的共享网络体系，真正实现科技信息的无缝连接。

（2）整体性原则。对北京科技服务资源进行管理可以理解为一个“闭环”系统，目标则是这个“闭环”系统的完善。数据资源的管理与应用不一定每个方面都能完整实现，但必须完整地设计平台系统的各个方面。

（3）先进性原则。在技术上，采用当前先进且成熟的技术，使设计更加合理；在软件开发思想上，严格按照软件工程的标准和面向对象的理论来设计、管理和开发，保证系统开发的高起点。

（4）安全原则。安全原则是北京科技服务资源云平台构建的重要原则之一。安全的保障机制不仅是平台自身建设所必需的，也是其为用户提供的最基本保障。系统本身安全可靠，应用环境也必须安全。因此，平台的功能设计要充分考虑安全性这一原则，为平台的运行和用户利用提供安全保证。

上述四个原则中，前两个原则由杨爽等（2013）提出，后两个原则由张成华和李晓峰（2013）提出。

7.2.2　北京科技服务资源云平台功能

北京科技服务资源云平台功能设计必须全面考虑该平台的资源收集、资源管理与资源共享等，不仅要实现科技服务资源收集的全面性，还要考虑资源管理的安全性以及便捷性，更要关注资源共享的需求性。这三个子系统之间相互协调，共同构成了北京科技服务资源云平台功能。基于以上需求，本章设计了北京科技服务资源云平台。

在这一平台的功能设计中，北京科技服务资源云平台设有三个子系统，分别是资源收集系统、资源管理系统与资源共享系统。资源收集系统的功能设计中不仅赋予了平台搜索、采集信息的功能，同时赋予了北京市国有企业、高等院校、研究所等国有背景机构主动推送可共享资源到科技服务资源平台上，使这一资源收集系统集聚主动与被动双向收集功能。资源管理系统则以权限管理与安全管理为依托，将系统资源整合功能、信息展示、系统动态扩展功能纳入框架之中，实现该平台系统管理的智能化与可扩展性。资源共享系统则依据用户利用需求，设计了资源展示、个性化服务、定制检索等各种功能。

1. 北京科技服务资源云平台资源收集系统

资源收集系统（图 7-1）是平台最重要的子系统之一，它为平台运行打下最为坚实的基础。资源收集系统主要负责对北京市具有国有背景的机构所推送的科技信息资源进行接收和整合；同时也负责对科技服务资源进行审查、分类评级，并对基础的、可集成的科技服务资源进行集成。资源收集系统还会及时监督北京市具有国有背景的机构的科技服务资源并主动搜索发现北京市其他属性的科技公司有价值的科技服务资源，对其进行链接，整合纳入自己的平台系统中，以方便用户在平台中可以获得更为丰富的科技信息资源。

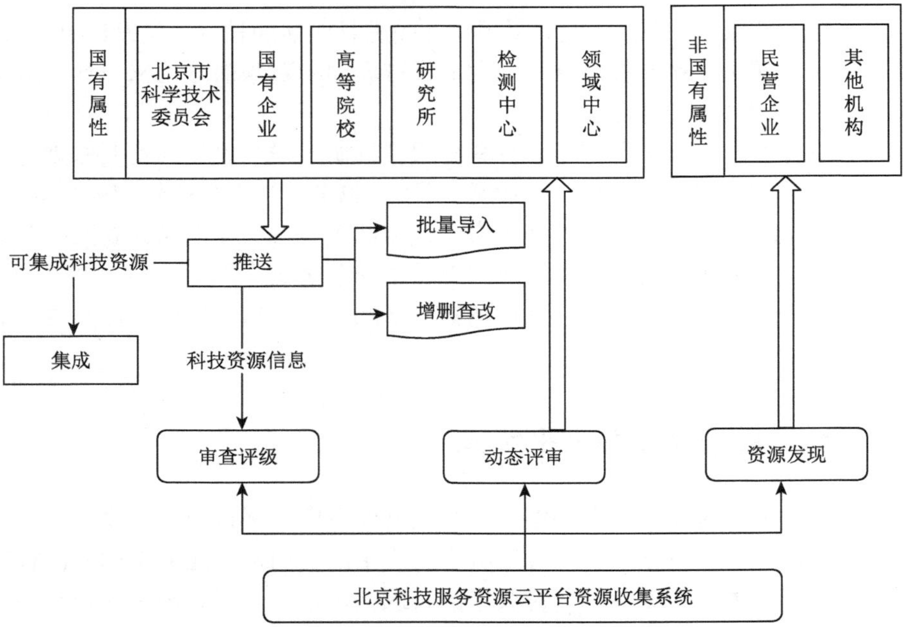

图 7-1　北京科技服务资源云平台资源收集系统功能模块

资源收集系统所采集的科技信息包括两种，一种是可集成的科技服务资源；一种是不可集成的科技服务资源。资源收集系统的集成化分类处理，可以方便、有效地对所收集的基础的科技设备资源等可集成的科技服务资源进行集成化处理以及标准化录入管理。资源收集系统会根据每类资源的特点，结合平台所采用的国际化标准，制定出相应的规范，资源收集系统依照这些标准和规范，对各类不可集成的科技服务资源信息实施数字化加工与标引，进行数字化处理，产生标准化的数字化对象及元数据，保存在采集存储服务器中，以备资源收集系统进行进一步审查与编辑。平台采集系统的编辑与审查功能指系统对北京市国有企业、高校、研究所等所提交的科技服务资源与信息文档进行鉴定、鉴别和优选，以确保平台所提供的科技信息、资源的质量，体现平台的高价值密度，减少不必要的信息冗余。科技服务资源、信息的审查与编辑要根据北京市科技服务资源用户的项目要求、用户需要、资源建设与保存政策，制定科技信息资源的审查与编辑标准。审查标准制定的主要依据是：可满足北京社会经济现实及中长期发展需要且有较高的保存与利用价值，同时可满足北京市科技服务资源用户对各类科技信息的需求。编辑的标准主要是遵照平台系统要求，进行统一的格式化处理，以辅助科技服务资源管理系统来开展资源整合。动态评审是保障平台科技服务资源具有时效性的功能，平台科技服务资源收集系统对北京各地发展情况、科技服务资源的变更进行实时的跟踪与监测，确保平台在第一时间掌握第一手的高新科技信息，并及时对平台发布的科技服务资源的评级进行更新。监控与更新使平台可以始终站在北京科技发展的前沿，方便用户及时查询最新的科技服务资源信息。除此之外，平台采集系统还会对北京的民营科技公司的门户网站进行信息搜索与信息发现，将所发现的有价值信息的链接纳入平台系统内部，方便平台用户了解、掌握更为全面和广泛的科技信息。北京的国有科技企业在平台运行过程中承担着主要平台科技服务资源提供方的角色，在平台资源收集过程中发挥着重要的作用。科技部门经平台管理系统身份认证后会被赋予一定的权限，可以在其权限范围内对平台进行相应的操作，其中最为重要的权限便是科技服务资源、信息推送功能。具有推送权限的科技部门可以向平台的科技服务资源收集系统主动推送部门内部拥有的科技服务资源与科技信息。在进行科技服务资源与科技信息推送时，科技部门可以在授权范围内采用批量导入方式，这种方式大大减轻了科技部门的工作压力，使科技部门可以快速、高效地向平台输送科技服务资源与科技信息，这在一定程度上鼓励了科技部门提供科技信息的积极性。科技部门还可以根据科技服务资源与科技信息的发展对所推送的科技信息进行增加、修改、删除操作，科技部门所提供的所有科技信息提交之后都会转化为规范格式，并经过资源收集系统的审查与编辑，科技部门所提供的所有科技服务资源提交之后都会集成化，最终纳入科技服务资源收集系统。

2. 北京科技服务资源云平台资源管理系统

北京科技服务资源云平台资源管理系统包括资源整合、权限控制、内容配置、安全管理以及动态管理功能扩展等功能，如图 7-2 所示。

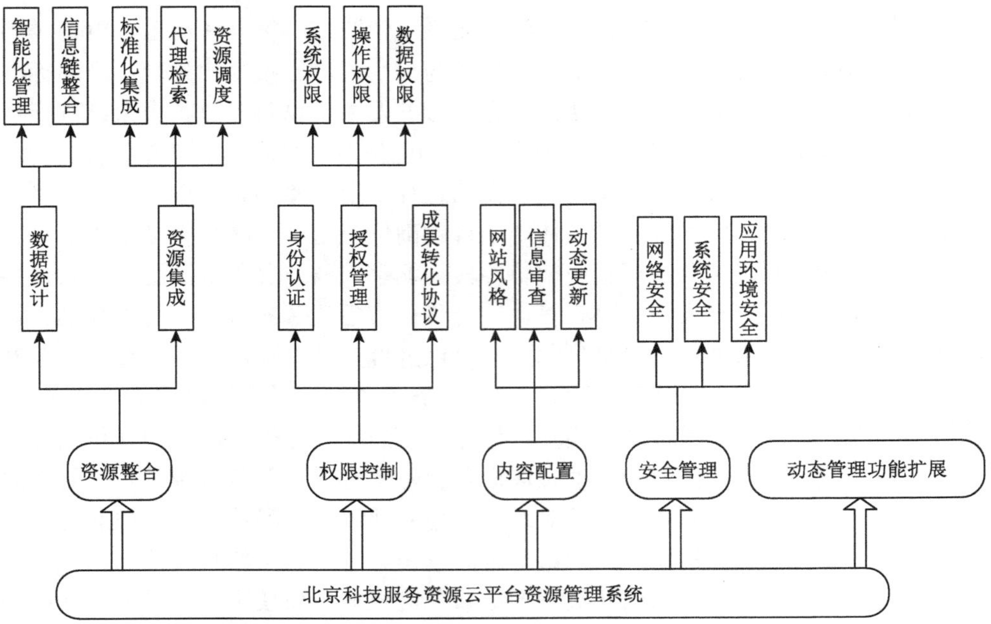

图 7-2　北京科技服务资源云平台资源管理系统功能模块

北京科技服务资源云平台资源管理系统首先对资源收集系统所收集的各类丰富的数字化科技信息资源进行资源整合。资源整合包括两个方面，一是数据统计，资源管理系统可实现对平台科技信息、资源的智能化管理以及信息链的整合。信息链的整合包括链接点的合理设置、合理的分类体系、加强引文链接以及开放式动态链接。二是科技服务资源的资源集成，这是资源管理系统最重要的功能之一，它对平台科技服务资源共享系统面向用户的服务功能实现具有重要作用。资源标准化集成是指资源管理系统对所收集的科技服务资源进行集成，使其满足平台系统运行过程中查询的需要；进行代理检索，将用户的检索要求进行分析，由系统进行后台检索；资源调度，对检索结果进行整理，并将科技服务资源按照用户指定的方式进行智能化、智慧化制造。权限控制主要在平台功能和流程上起控制作用。首先对用户及各合作科技部门进行身份认证，明确参与者的身份以便对其进行相应的授权管理。系统的授权管理功能，完成对用户、用户组或科技信息源、科技信息源组的授权等相关工作，包括系统权限、操作权限以及数据权限。系统权限是指科技信息共享平台的各级用户只能浏览权限范围内的信息，并且只能对权限范围内的科技信息进行相应的操作；操作权限是指平台的信息提供方也可以在权限范围内对平台相应地推送科技信息并对科技信息进行增加、删除、修改等操作；数据权限是指在为最终用户提供的各类业务服务中，用户使用不同的权限所浏览的数据存在差异性。数据权限分为三种，第一种是根据数据的类型，将相应字段数值范围划分为不同的区域，不同的人拥有不同的区域查看权限；第二种是对每条数据都要事先进行权限控制，每条数据都有一到多条权限数据与其对应；第三种是每条业务数据权限可以精确控制到每个字段，包括单个字段可否浏览以及可否修改。授权管理可以在很大程度上确保系统的安全运行。平台采用统一的用户管理机制，普通用户可以浏览平台的相关信息并可实现大部分的功能服务。在资源建设及管理中采取会员制的管理模式及灵活的分层用户权限管理机制，用户的深度扩展利用则需要一定的权限。平台的这种用户管理制度在促进资源信息交流、实现资源信息共享的同时，提高了信息的传递效率，增强了资源信息的管理水平。权限控制使平台在用户资源共享服务方面实现个性化特征，不同用户进入门户网站后，所浏览的资源信息内容、网站样式以及所执行的操作、获得的功能各不相同，这是平台根据用户的权限以及浏览历史、参数设置等方面的综合分析为用户提供的个性化服务。

此外，资源管理系统还对成果转化协议以及用户使用报告进行管理。用户在对平台科技信息进行相关利用时必须遵循平台的有关规定，合理合法地对平台所提供的科技信息进行适当利用。内容配置是资源管理系统的另一个主要功能，主要负责平台网站风格的设计、发布内容的审查以及信息的动态更新。平台网站风格是决定平台利用广度的关键性因素，一个舒适、科学的网站风格可以在一定程度上吸引和发展长期用户。平台在进行网站风格设计时要从用户的角度出发，设计用户友好型界面。内容审查是平台的关键功能，平台的内容决定了平台的高度和可持续发展能力。北京的科技服务资源分布在各个研究所、高校、国有企业，科技信息纷繁复杂，要选取真正有用的科技信息、保障平台科技信息的高价值密度，必须采用科技信息资源内容的审查制度，使录入平台的核心数据库中的科技信息都是用户切实需要的信息，真正实现北京科技服务资源云平台功能的资源共享价值。科技信息的动态更新是要求平台对自身所发布的信息进行跟踪审查，及时更新科技信息动态，保证科技信息的实时、前沿性，这是由科技信息本身的特性决定的。平台的运行不能缺乏安全管理，这是平台为用户提供利用价值的基本保证。安全管理主要包括三个方面：一是网络安全，网络系统中存在着大量的安全隐患和威胁，平台必须具备网络安全防护机制，实时检测网络安全，为用户访问平台提供安全的网络保证，平台需要实施防病毒、口令保护、用户策略等一系列安全手段；二是系统安全，系统的服务器要采取多种安全防护措施，经常进行漏洞扫描，要包含数据备份、恢复与容灾设计，数据库修改后能将原有数据做备份，保证在数据出错时能够把数据恢复到修改前的状态以及回溯和查询使用，还要对平台系统安全进行实时运行监控、安装服务器防病毒软件等；三是应用环境安全，确保平台在使用过程中的安全，具体包括访问授权控制、数据完整及安全性保障、行为审计等。安全管理功能的设计主要立足于总体安全防护策略，并与技术防护体系相互配合。三项安全措施共同实施，各自发挥自身作用，共同保证平台的安全运行，也为用户利用平台提供安全保证。此外平台科技服务资源管理系统还设有动态管理功能扩展，可以方便平台在运作过程中发现自身功能利用不足时，动态、及时地进行自身功能的扩展，推动北京科技服务资源云平台功能的可持续发展。动态管理功能扩展在对平台进行功能扩展时会在一定程度上参考用户反馈，分析用户的反馈信息，发现平台的缺点和不足并加以改善，还会依据社会整体环境的发展不断充实平台功能。

3. 北京科技服务资源云平台资源共享系统

北京科技服务资源云平台资源共享系统是面向用户的前端系统，它的功能模块就是平台对于用户使用功能的实现，所以该模块的功能是平台的主要功能，也是最直接展现平台实力的功能。资源展示是资源共享系统的基础功能，是发布系统最根本和最基础的功能。资源展示向用户全面展示平台所掌握的大部分科技信息，可以满足用户对科技信息浏览的基本需要。资源展示功能包括数字资源导航系统和资源开发系统无缝链接，二者可以有效辅助用户对科技信息的查询做进一步的了解。数字资源导航系统将平台科技信息的分类直观地展现在用户面前，为用户按照自己的类型需求浏览科技信息提供便利。资源开发系统无缝链接是为了方便用户进一步深入了解自己所浏览的科技信息，用户可以通过点击平台中自己感兴趣的科技信息的超链接进入该科技信息的原发布系统，对科技信息进行更为深入和全面的浏览和了解。

功能模块查询检索是资源共享系统的重要功能，是用户对平台的基本要求之一，也是平台能否实现其价值为用户服务的主要检验项。平台提供简单检索和高级检索两种检索查询方式。简单检索主要是根据用户所输入的单一字段进行关键词搜索。这种检索方式较为直接方便，得到大部分用户的广泛应用。高级检索可以根据用户指定的多个查询条件、按照几个字段的组合对平台科技信息进行高级查询检索。高级检索适合专业用户更为精准的查询要求，可以帮助用户更为准确、快速地查询到所需的目标科技信息。平台检索系统在按照用户的检索要求输出检索结果时还会进行分析，在输出结果的同时会导出分析报告，帮助用户更为直观地了解检索结果以方便用户利用。参考咨询功能是指平台解答用户咨询及指导用户合理利用科技信息资源的功能。参考咨询主要提供用户在科技信息资源整合、检索和网络资源利用方面的指导性服务，联机实时帮助和定向专题服务，包括常见问题解答和深度查询结果咨询。用户可以采用电子邮件、表单网络咨询、电子公告板、留言板等异步方式进行参考咨询，也可以采用实时在线咨询，即用户直接向网络环境中的共享平台工作人员咨询，平台工作人员会即时回答用户的提问。参考咨询的服务内容和方式体现出实时、交互式、智能化、多元化、不受时空限制的特点。个性化服务功能是平台的特色功能，用户可以自定义设置“我的平台”，方便用户查询自己的平台使用历史，以及利用平台资源、主题的设定。这不仅可以使用户更为便捷地使用平台，而且可以实现信息预定。用户在定制科技信息时，只需将其所需科技信息的类型进行参数设置，我的平台将会根据用户所设参数以及用户的使用历史向用户主动推送其所需的科技信息资源。平台还会根据用户的使用历史、设置主题等方面综合整理，自动及时地向用户主动推送用户所需平台科技信息更新的通知，使用户可以第一时间了解自己所感兴趣的科技领域的最新科技资讯和发展动态。另外，需要注意的是用户对于某些特定专业先进科技信息的预订是需要付费的。平台的输出打印功能是指对于平台所提供的某些科技信息以及综合分析报表、图表等内容，平台提供智能化的多种打印方式。用户可以直接在系统中设置所需要的打印格式，直接将所需要的科技信息内容进行打印。资源共享系统还设有“帮助信息”功能，用户在使用平台的过程中遇到任何问题都可以通过单击“帮助信息”得到及时解决。“帮助信息”中包含新手使用平台的使用指导以及用户在使用平台过程中所遇到的各种常见问题，并且提供“在线帮助”功能。用户可以在无法解决使用平台面临的问题时单击“在线帮助”，向平台工作人员直接寻求帮助，平台工作人员将在第一时间对用户所提出的问题进行答复与解决。“帮助信息”可以帮助平台用户更为熟练地使用平台，平台也可以据此进一步推广自己的应用。用户在使用平台时也有权限控制，用户在进行身份认证之后，便可以在自身使用权限内对资源共享系统的各项功能进行使用。北京科技服务资源云平台功能科技信息发布系统是平台的形象，发布系统专业的网站视觉设计，以及所建立的以信息存储、查询与检索为核心的专业网站的性能是北京科技服务资源共享的保证，必将推动北京科技事业的高速发展。

7.3　北京科技服务资源云平台运行机制分析

在对北京科技服务资源云平台的功能设计之后，本节研究云平台的日常运行机制，研究云平台必不可缺的制度和措施。

1. 建立健全的仪器设备审查制度

仪器设备的验收是仪器使用的先决条件，可以健全验收制度、保证仪器能够正常投入使用。仪器设备信息进入平台后，平台审查部门要组织有关人员进行审查。指定相关人员审核科技资源的所有资料，包括装箱记录、开箱单、安装调试报告、仪器使用说明及操作软件的光盘等资料，需要由专人保管、专人建档，这是日后正常使用的保障。

2. 建立健全的仪器设备使用规章制度

为保证仪器设备的正常使用、中心的正常运转，规章制度的建立和完善必不可少，如《大型贵重仪器使用管理办法》《仪器操作规程》《仪器设备收费标准》等规章制度，每台仪器设备由职能部门提供“大型贵重仪器使用登记本”，要求使用者必须填写。通过健全仪器使用的规章制度，确保仪器设备高效运转。

3. 建立科学的人才评价标准

应当建立科学的人才评价标准，人才的优秀程度应由其实际绩效来决定。学历、学位高低并不是取得绩效的唯一因素；选拔人才、使用人才“不看学历看水平、不看背景看业绩，不看年龄看素质”，对于实验技术人才队伍更应“不看文凭看技能”。“盘活存量”“搞好增量”，解决好高校实验技术队伍建设中人才缺乏、人才断层和结构不合理现象。

4. 建立科学的员工培训制度

结合仪器设备开放共享服务功能，强化专业技术人员的培训工作。定期安排他们学习，掌握新知识，并要求他们通过各种途径提高学历水平，鼓励他们积极参加科研活动，尽快提高实验教学研究技术、实验技术、管理水平等综合素质，为仪器设备高水平开放共享服务。加强专业技术管理人员的合作与交流，取长补短，有助于共同提高资源共享服务水平，建立良好的合作伙伴关系。

5. 设立实验技术成果奖

设立仪器设备使用效益奖，激励专业技术人员挖掘仪器设备使用潜力，提高设备利用率，实现资源共享，加强对外开放和服务，充分发挥其使用效益；对在技术管理岗位上辛勤工作、敬业奉献的人员给予奖励，调动其开放共享的积极性。

6. 建立更加智能化的仪器设备管理系统

建立智能化仪器设备管理系统，它通过在仪器端加入控制器，把所有的仪器设备连成一个系统。系统具有仪器预约、仪器信息查询、仪器开放授权、仪器使用情况统计查询、仪器使用计费以及送样委托测试管理等功能，提高平台管理员的工作效率，同时，仪器的授权使用也保证了仪器使用的安全性和有序性，特别是使用率较高的贵重分析仪器。通过这些数据也可以实现使用的准确计费，给共享单位带来仪器维护和损耗的补偿收益，既提高了仪器使用率，又使经济效益和社会效益明显增加。

7. 设立仪器设备共享基金

共享基金包括维修基金和测试基金。平台每年拨出一定资金作为仪器设备维护基金，专款专用，用于仪器设备的运行维修。测试基金已被证实是一种行之有效的仪器设备运行管理模式，可以解决一部分仪器设备运行经费问题，保证仪器设备的正常运行。共享基金的资助，既解决了一部分贵重仪器设备维修费、运行经费不足的矛盾，又进一步提高了贵重仪器设备的使用效益和完好率，促进贵重仪器设备的专管专用和共享。

7.4　北京科技服务资源共享策略

本节对北京科技服务资源云平台的重要管理策略进行分析，提出云平台需要的主要管理策略。

1. 实施激励机制

在没有额外的物质奖励的激励下，供给方对选择科技服务资源共享的积极性不高，需求方单方面参与科技服务资源共享不能获得较多收益，参与共享的双方都不能获得较多收益，最终导致科技服务资源共享双方都选择不参与共享。

结合北京科技服务资源共享政策分析，共享平台通过建立科学的奖励制度，适当地提高供给方的额外奖励，可以提高其积极性，提高其选择科技服务资源共享这一策略的概率，最后实现供给方和需求方都选择共享这一策略，使供需双方实现双赢。

2. 加强宣传力度

在初始条件下，没有良好的科技服务资源共享社会风气，共享的科技服务资源质量不高，供给方和需求方选择共享所带来的超额收益低，由于参与共享的双方都不能获得较多收益，最终科技服务资源共享双方都选择不参与共享。

结合北京科技服务资源共享政策分析，云共享平台可以通过宣传营造共享高质量科技服务资源的社会风气，提高科技服务资源供给方共享的科技服务资源质量，提高选择双方共享策略带来的超额收益，最后实现供给方和需求方都选择科技服务资源共享这一策略，使供需双方实现双赢。

3. 注重需求分析的灵活性

在没有初始条件时，科技服务资源共享没有形成规模化，导致资源共享的成本很高，供给方和需求方选择共享所带来的期望收益低，由于参与共享的双方都不能获得较多收益，最终科技服务资源共享双方都选择不参与共享。

结合北京科技服务资源共享政策分析，云共享平台可以采取规模化运营管理科技服务资源共享，通过大规模化的资源共享服务，降低单次资源共享带来的成本，提高选择双方共享策略带来的期望收益，最后实现供给方和需求方都选择科技服务资源共享这一策略，使供需双方实现双赢。云平台应当注重需求分析的灵活性，避免因共享规模扩大而无法满足复杂的需求。

4. 加强对科技等资源的管理

在初始条件下，由于初期缺乏对科技服务资源的有效管理，双方很难在资源池内找到所需要的科技服务资源，科技服务资源有效利用率低，供给方和需求方选择共享所带来的期望收益低，由于参与共享的双方都不能获得较多收益，最终科技服务资源共享双方都选择不参与共享。

结合北京科技服务资源共享政策分析，云共享平台可以通过建立科学的科技服务资源管理制度，对科技服务资源进行分类评级，可以实现对所需资源的快速检索，提高双方对科技服务资源的有效利用率，提高选择双方共享策略带来的期望收益，最后实现供给方和需求方都选择科技服务资源共享这一策略，使供需双方实现双赢。

5. 加强对用户的个性化需求的管理

根据李明辉等（2016）的研究，随着信息技术和工业技术的发展，以及以满足客户个性化需求为企业中心思想的转变，面向智能服务的智能制造成为全球制造业发展的趋势之一，云共享平台应当利用云计算将计算资源、存储资源等作为一种专业服务为用户提供个性化特色服务。把复杂多变的企业需求转变为企业订单服务和流程管理服务智能融合在服务平台中，对平台中所有的服务资源实现云计算虚拟化存储，即使同一个企业用户同时访问不同的企业服务资源，也只需登录一次，就可以实现无缝访问，对用户需要的服务资源进行智能搜索匹配，成功获取需要的资源。通过满足用户的个性化需求，提高资源共享的效率。

6. 建立信用评价体系

根据宋庭新等（2013）的研究，可以通过评价指标管理、共享评价管理和信用炒作管理等方式，通过划分等级对企业用户运营能力给予评价，以此作为供需双方选择共享伙伴的参考。鉴于此，初始信用认证是信用评价的基础。初始信用评估在企业用户注册时，根据企业用户提供的资料数据，依据系统设定的算法，计算出企业用户初始信用等级。随着企业用户共享行为的展开，每次共享评价的结果也会累积到企业信用总分中。建立信用评估体系，对供需双方选择共享伙伴具有重大的参考意义。

7. 实现科技资源供需的智能匹配

根据盛步云等（2015）的研究，云制造服务的供需智能匹配不同于传统的电子商务的供需智能匹配，云制造服务资源的复杂性和中小制造企业的特点决定了它的特殊性。随着云制造技术的不断发展，云制造服务理念终将取代各自生产的方式而成为制造领域的主流。云制造服务的供需智能匹配作为该服务平台的核心技术之一，决定了该平台能否便捷且强大地搜索并自动智能匹配出人们预想的结果，同时将决定云制造功能的体验能否得到业界的认可，最终提高中小企业的生存竞争能力。云制造服务平台不仅是一种新的搜索服务资源平台，而且将成为自动调配地区制造业服务资源的手段之一。为提高云平台搜索引擎的实用性，通过提升云平台的搜索精度来实现科技资源供需智能匹配。

7.5 本章小结

本章主要探讨云制造环境下北京制造业科技服务资源共享的实现方式——云共享平台。首先分析了传统平台的不足之处以及新型云共享平台相对于传统平台的优越之处，阐述了云共享平台的必要性。接着对云平台进行功能分析与设计，通过结合云制造技术以及传统平台的优点，将科技服务资源分为可集成的资源和不可集成的资源，将可集成的资源直接集成到云平台，降低用户和科技服务资源提供方的沟通成本，直接进行集成化制造。根据这些特点以及功能设计原则设计出三大功能模块。根据功能设计、功能模块提出制定云共享平台的运行机制及管理策略。

第 8 章　基于区块链的北京服务资源管理实践分析

本章基于区块链技术分析北京服务资源管理实践问题，主要内容包括北京服务资源管理实践的现状、基于区块链的北京政务服务资源管理实践、基于区块链的北京金融服务资源管理实践三部分内容，着重介绍北京制造业服务管理相关政策和服务管理实践。

8.1　北京服务资源管理实践的现状

本节介绍北京服务资源管理实践的现状，包括北京市营商环境状况分析、北京市政务服务管理实践现状、北京市金融服务管理实践现状。

1. 北京市营商环境状况分析

近年来，北京市坚持把政务服务创新作为引领发展的第一动力。根据北京市政务服务管理局的数据，每日新设科技型企业数量从 2015 年的 110 家增长至 2020 年 10 月的 340 家，其中独角兽企业数量从 2015 年的 40 家增长至 2020 年 10 月的 93 家，以新产业、新业态、新模式为特征的新经济为北京经济社会的高质量发展增添了新活力。

同时，北京市的营商环境持续优化，《中国营商环境报告 2020》显示，截至 2020 年，北京在市场准入、投资建设、融资信贷、生产运营等中国营商环境评价 18 项指标中均获评“标杆城市”，是全国获此称号的两个城市之一（国家发展改革委，2020）。同时，2018～2020 年，北京市先后推出了三个版本的营商环境改革措施和政务服务跨越计划、区块链创新发展行动计划，颁布了《北京市优化营商环境条例》。“一窗通办”“一网通办”等各项改革，大大减少了企业办事花费的时间、精力、人力和资金。2018 年以来，每年直接减少的企业经营成本约 20 亿元。同时，北京市大力推行“政务服务 + 区块链”模式，以更优质、高效的服务助力建设国际一流营商环境。自 2020 年以来，北京市不断创新行政管理和服务方式，大力推进区块链技术在政务服务领域的应用，通过区块链技术提升政务数据共享水平和跨部门业务协同效率，并围绕不动产登记、跨境贸易、中小企业融资等企业群众办事高频领域，落地一批区块链应用场景，推进审批服务智能化、便利化，大幅精简办事时间、环节和材料，实现“刷脸”即可办事，推动营商环境持续优化。

2021 年 2 月 5 日，《北京市人民政府关于印发〈2021 年市政府工作报告重点任务清单〉的通知》（京政发〔2021〕2 号）提出，持续深化 4.0 版营商环境改革。由北京市发展和改革委员会为主要负责单位，进一步贯彻北京市优化营商环境条例，实施优化营商环境 4.0 版改革政策，推进营商环境创新试点城市和创新试验区建设，形成北京特色改革方案。以北京市政务服务管理局、北京市市场监督管理局等部门为主要负责单位，持续完善一体化政务服务和监管平台建设，构建集审批、服务、监管、执法、信用管理于一体的数字化体系，企业开办和重要民生事项全面推行“一件事”办理，实现 90%的事项全程网办和全城通办，推动 140 项高频服务事项跨省通办。

2. 北京市政务服务管理实践现状

2019 年元旦，北京市政务服务中心全面推行窗口综合改革，推出了“一窗分类受理”工作模式。同年 3 月份，在“一窗分类受理”的基础上继续升级为“一窗通办”，带来的变化体现在：①缩短了办理业务的等待时间，基本上实现“零等待”；②实现了办事的标准化，基本前提条件是按照公示的办事指南准备齐全材料即可；③提升了服务品质，由专业队伍开展专业的服务。其效果正如北京市政务服务管理局审批管理处副处长王建伟所指出的，截至 2019 年 7 月，北京市政务服务大厅开设窗口数量减少了约 1/4，由 2018 年底的 186 个减少到 140 个，73%的非固定投资事项实现“一窗通办”。

同时，北京市大力推进“政务服务 + 区块链”模式。自 2019 年 11 月以来，北京市政务服务管理局、北京市科学技术委员会、北京市经济和信息化局牵头落实《政务服务领域区块链应用行动计划》，北京市商务局等多部门作为责任单位在全市 4 个试点区大力推进政务服务领域区块链应用建设。截至 2020 年 7 月，不少场景下，企业和群众跑动次数从五六次减少到“最多跑一次”。

最新的政务服务政策方面，2021 年 3 月 31 日，北京市政务公开领导小组办公室关于印发《北京市 2021 年政务公开工作要点》的通知指出，推动政策服务机制创新，优化政务公开流程管理，加强企业群众政策需求、政策执行兑现数据应用，升级政务公开平台建设。

3. 北京市金融服务管理实践现状

自改革开放以来，我国中小企业、民营企业迅速发展，在增加就业、稳定经济增长等方面发挥了重要作用。据数据统计，截至 2018 年底，我国中小企业的数量已超过 3000 万家，个体工商户数量超过 7000 万户，贡献了全国 50%以上的税收和 80%以上的劳动力就业（杨兆廷和李俊，2019）。

2020 年初，因受疫情影响，我国中小企业大都受到了较大冲击，为纾解中小微企业的困难，推动企业有序复工复产，2020 年 3 月，中国银行保险监督管理委员会、中国人民银行、国家发展改革委、工业和信息化部以及财政部联合发布了《关于对中小微企业贷款实施临时性延期还本付息的通知》，表明：对符合条件、流动性遇到暂时困难的中小微企业贷款，给予临时性延期还本付息安排。

过去几年，北京市推出了一批广受企业欢迎的金融服务政策。2019 年，北京市直接为企业和社会减负约 1800 亿元。2020 年，在疫情影响下，北京市为中小微企业减免房租 76.8 亿元，为小微企业办理贷款延期还本 943.75 亿元，首贷中心通过审批金额 156.86 亿元，续贷中心完成续贷 156.06 亿元。北京市还设立了首贷服务中心、上线中小微企业确权及供应链金融服务平台和企业电子身份认证信息系统，企业填报数据减少了 80%，银行开户时间节约了 40%，助力解决中小企业“融资难”问题。

8.2　基于区块链的北京政务服务资源管理实践

2020 年 7 月，北京市区块链工作专班专家组编制了《北京市政务服务领域区块链应用创新蓝皮书（第一版）》，介绍了北京政务服务领域区块链应用，内容包括区块链是推进国家治理体系和治理能力现代化的“新基建”、北京市政务服务领域区块链创新发展蓝图及北京市政务服务领域区块链应用创新实践，并提出了面向未来基于区块链 3.0 的“可编程政务”场景。还通过 12 个优秀案例展示了区块链应用的阶段性成果，为其他省份和地区的政务服务领域区块链应用提供了参考（北京市区块链工作专班专家组，2020）。

《北京市政务服务领域区块链应用创新蓝皮书（第一版）》中鼓励企业参与到 BaaS 的开发和建设中，为社会企业开闸放水，以更加开放的姿态开展政务服务区块链应用，预示着政府还将加大相关投入，引入更多区块链应用及底层基础服务，一旦条件成熟，相关应用就有大规模铺开的可能。

12 个案例均涉及数据共享交换：区块链应用或许率先落地在与大数据结合的相关领域。在北京市政务服务领域区块链应用创新实践的 12 个案例中，区块链应用涉及国际物流、京津冀通关、企业电子身份认证、财政电子票据、中小企业金融服务等各个方面，而所有应用中，均提到了数据共享交换的场景。例如，在北京市商务局京津冀通关便利化的案例中，京津冀海运物流数据共享，通过将天津港、天津海关、唐山港等海运港口的船舶信息、舱单信息、码头装卸货、堆场提货、进出港区闸口数据，以及北京进出口企业在北京海关、天津海关、石家庄海关申报的报关通关状态，采用区块链方式，在京津冀三地多个节点记录，实现数据快速同步共享，并保证数据的真实性和时效性，以此解决数据分散、采集渠道不固定、采集方式不畅通等问题。

随着互联网发展的不断深入，信息及数据成为最重要的生产要素，如何有效整合数据、保护数据的安全以及合理利用数据成为绕不开的话题。区块链的多重属性为数据的整合、分配、访问、调取以及权限管理等提供了便捷、安全的技术支撑。采用区块链技术，将数据信息孤岛进行有效的链接和上链处理，为各部门开展工作提供了极大的方便。未来，区块链应用或率先落地在与大数据结合的相关领域。

同时，北京市大力推进“政务服务＋区块链”模式，截至 2020 年 7 月，已有 140 个具体场景应用在政务服务领域落地，平均减少材料 40%。例如，北京市空港国际物流传统模式中参与通关物流流程的企业部门之间的数据难以整合，从而造成协同难度大、耗时长、流程协同低效等问题，为了解决这些问题，北京市推出了北京空港国际物流区块链服务平台，将海关、商务、税务、园区、货站等单位数据上“链”共享，提高外贸通关效率。自 2020 年 3 月上线至 5 月底，上“链”各类通关物流数据共计 300 余万条，已有 121 家企业先后使用了区块链系统查询验证各项功能近 7800 次。

海淀区政务服务区块链应用基于自主可控的区块链底层技术，通过区块链基础平台、BaaS 管理平台和业务鉴证平台三层架构，结合活体验证（自然人）、动态码验证（企业法人）等授权方式，由亮证确权、鉴证减材、审证秒批和存证溯源四大类服务支撑。同时，区块链政务服务支撑能力还将随着改革深化和区块链应用深化进行动态扩展。海淀区政务云平台见图 8-1。

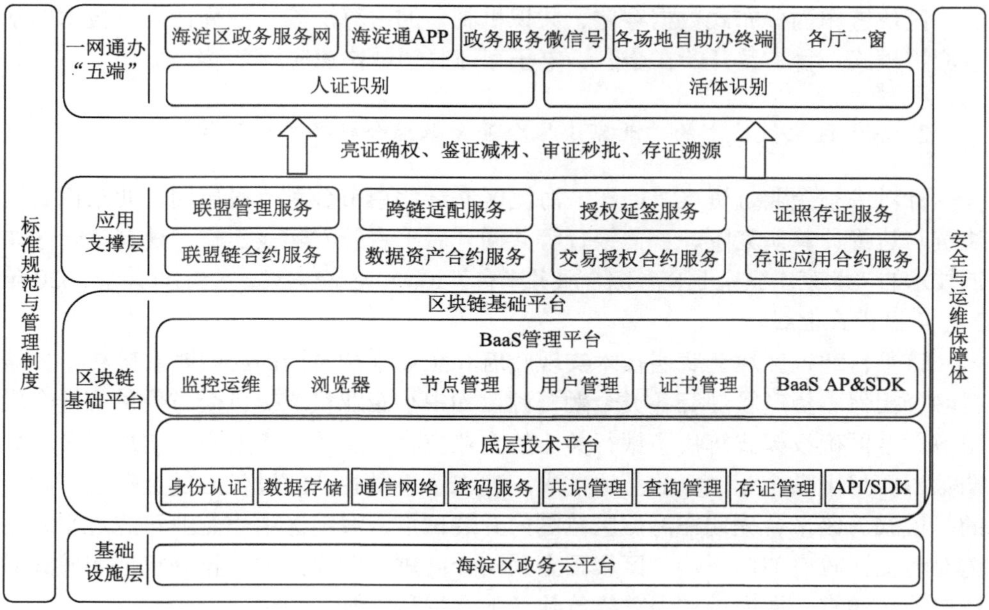

图 8-1　海淀区政务云平台

资料来源：http://www.bjhd.gov.cn.

AP 表示应用程序编程（application programming）；API 表示应用程序编程接口（application programming interface）；SDK 表示软件开发工具包（software development kit）

海淀区政务区块链由 5 条子链组成。

（1）证照链：各类证照信息经加密算法生成的 Hash 值上链，包括时间戳、数据提供者公钥、提供者私钥签名、证照材料类型信息等，用于证照数据核验、证照结果查询。

（2）认证链：用户和系统认证凭证，实现认证信息共享，提供个人、委办局、业务系统身份核验。

（3）授权链：记录用户授权信息，实现委托授权人证照的授权使用，并提供授权信息追溯。

（4）目录链：委办局可共享的证照目录信息上链，包括记录证照类型、证照元数据信息、发证系统认证信息、用证系统授权信息，实现相同证照资源可以进行跨地域的证照互认。

（5）事项链：用于存证办件全过程数据，并提供溯源取证。

8.3 基于区块链的北京金融服务资源管理实践

1. 基于区块链的北京金融服务管理背景

区块链作为分布式数据存储、共识机制、加密算法等一系列计算机技术的新型应用模式，目前已开始在金融、电子存证等领域快速应用。

2. 基于区块链技术的"北京小微企业金融综合服务平台"简介

针对中小企业融资难等问题，海淀区联合北京市金融控股集团、北京微芯区块链与边缘计算研究院、百信银行等共同开展平台开发建设工作，建立基于区块链技术的"北京小微企业金融综合服务平台"（www.smeservice.com），并于 2020 年 2 月 7 日正式上线。

该平台通过区块链底层技术实现政府和企业采购合同的应收账款确权，并聚合融资担保、资产管理等各类金融资源，为中小企业快速提供全方位供应链金融服务。合同确权模式解决了银行关心的企业应收账款的确权要求，实现了公共采购数据支持小微企业融资的急迫需求，建立了小微企业通过供应链金融进行融资的新模式。该平台先期在海淀区范围内开展试点，海淀区中小企业可通过平台申请对海淀区政府部门采购、区属国企采购合同进行确权，并依据确权证明发起融资申请，通常一周内可实现首笔放款（王永生和田凯，2020）。

北京小微企业金融综合服务平台的主要职能是确权和融资，该平台发挥了区块链技术的优势，将合同履约的关键行为进行数据固化，形成多节点共识、不可篡改的可信确权证明，账款拖欠、违约行为等也将进行链上存证，形成全过程监管。该平台还可实现确权申请全流程线上管理，企业获得确权证明后，可通过供应链金融服务模块发起融资需求，北京小微企业金融综合服务平台将同步向金融机构提供“一企一档”、财务分析报告、竞争力评估报告、综合评估报告等，与确权证明共同作为企业申请金融服务的基础信用资料。同时，支持银行进行线上融资申请审核、授信管理和放款管理，减少中间环节，提升金融服务效率。

除定向融资申请外，该平台也支持企业非定向融资需求发布。中小企业可发布公开融资申请，平台合作银行看到融资需求后予以关注，通过“抢单”模式响应，为企业提供更加多元、便捷、高效的金融服务。

3. 基于区块链技术的北京小微企业金融综合服务平台的特点

基于区块链技术的北京小微企业金融综合服务平台有以下 6 个特点。

（1）系统流程体系清晰完整。按照全流程、全主体、全上线的系统设计方案，将小微企业、政府机关、确权中心、公共采购单位、银行等确权业务主体全部纳入系统，根据各自的职能权限设立相应账户后，按照规范流程开展确权和融资工作。

（2）企业申请确权智慧便捷。小微企业登录平台后，在平台智能客服的提示和引导下，选择相应的采购方，填报合同名称、合同编号、合同总金额、申请确权金额等要素信息，并上传合同首页、盖章页、验收合格证明、发票等佐证材料。若相关材料齐备，仅需 1min 即可完成申请步骤。提交申请后，小微企业可实时查看办理情况等全流程信息。

（3）政府机构全程督办。确权中心登录平台后，在线审核处理确权申请，将符合条件的申请转交至公共采购单位，并建立工作台账，明确专人负责，跟踪确权进展。北京市财政局、北京市人民政府国有资产监督管理委员会通过平台可全程监督确权申请办理进度，督促公共采购单位及时确权。

（4）双方合法权益有效保障。公共采购单位根据所签采购合同的付款条件，有权做出同意或不同意确权的决定。若采购单位不同意确权，企业可以补充相关信息和资料后再次提交申请，也可向北京市经济和信息化局申诉仲裁。

（5）申请银行贷款快速高效。相比传统融资模式，获得确权的小微企业无须办理抵押担保手续，仅需通过平台在线填写申请贷款金额、利率、期限等信息并上传确权证明，便能快速对接银行的应收账款质押贷款。银行通过平台在线查看企业确权证明，核对无误后即可进入授信放款环节。

（6）运用区块链机制有效防控风险。确权系统底层采用区块链技术，通过建立共识机制确保确权数据在不同机构间的同步更新，且安全可溯、不可篡改。系统各个主体可随时了解企业确权和融资情况，杜绝虚构确权证明、虚增确权金额、同一确权证明重复融资等违规现象。

4. 基于区块链技术的北京小微企业金融综合服务平台功能

基于区块链技术的北京小微企业金融综合服务平台功能主要包括：①提供了基于区块链技术的账款确权证明，并支持确权证明全流程线上管理；②支持中小微企业获得确权证明后在线发起融资需求，并上线“确权贷”产品；③支持银行进行融资申请审核、授信管理和放款管理。

8.4 本章小结

本章介绍了基于区块链技术的北京服务资源管理实践问题，着重介绍北京服务资源管理实践的现状、基于区块链的北京政务服务资源管理实践，以及基于区块链的北京金融服务资源管理实践三部分内容。首先，在北京服务资源管理实践的现状部分，着重介绍北京制造业服务管理相关政策和服务管理实践，包括北京市营商环境状况分析、北京市政务服务管理实践现状、北京市金融服务管理实践现状。其次，在基于区块链的北京政务服务资源管理实践部分，北京市推进“政务服务 + 区块链”模式，海淀区政务服务区块链应用基于自主可控的区块链底层技术，通过区块链基础平台、BaaS 管理平台和业务鉴证平台三层架构。截至 2020 年 7 月，已有 140 个具体场景应用在政务服务领域落地，节约了服务时间，降低了政务服务的成本，取得了较好的经济效益和社会效益。最后，在基于区块链的北京金融服务资源管理实践部分，介绍了北京小微企业金融综合服务平台上线过程，以及该平台的特点与功能。

第 9 章　案 例 分 析

本章首先对应第 8 章内容分析云制造模式的案例——航天云网，航天云网将云计算、大数据、移动互联网、物联网等新一代信息技术与制造业结合，建设信息互通、资源共享、能力协同、开放合作、互利共赢的工业互联网生态系统。根据制造企业的不同需求分类，优制网使更多制造企业的制造能力和制造资源得以对接，实现制造协同，并提高企业内和企业间资源的利用效率，这对北京制造业服务资源有重要意义。另外，利用北汽集团案例分析北京一些企业对制造业科技服务资源共享的探索，根据其探索过程与实际需求，分析北京其他制造业企业的需求建立云平台。

9.1　制造业服务资源云制造模式案例分析——航天云网

航天云网科技发展有限责任公司（简称航天云网公司）作为中国航天科工集团有限公司工业互联网、智能化改造、新业态体系建设技术总体单位，打造了世界首批、中国首个具有自主知识产权的工业互联网平台——航天云网工业互联网平台（industrial internet cloud space，INDICS）。航天云网公司以平台产品与服务、智能制造、工业大数据、信息技术应用创新四大产业板块为核心业务，支撑企业数字化、智能化、网络化、云化转型升级。

近年来，航天云网 INDICS 成功获批工业和信息化部跨行业跨领域工业互联网平台，承担国家级双创示范基地建设、工业互联网创新工程、“互联网+”重大工程、中央企业工业互联网融通平台、中德合作示范项目等一批国家重大工程建设。目前，航天云网公司在国内已完成了长三角、京津冀、珠三角、川陕渝、东三省、中原、新疆地区等七大区域，15 个省市布局，下设 20 家所属公司，拥有工业大数据应用技术国家工程实验室，获批四川工业云制造、重庆工业大数据、贵州工业信息安全等三个省级制造业创新中心，累计获得专利授权 166 项、软件著作权 654 项，有效发明专利 51 项；具备企业智能化改造、信息系统安全等级保护三级、信息系统集成、产品质量认证、互联网数据中心许可证/互联网接入服务许可证、信息服务业务经营许可证、工业互联网安全评估评测机构、工业互联网人才培养培训示范基地等 75 项专业资质能力。

航天云网公司自成立以来到 2020 年底，主要经济指标持续保持快速增长，实现高质量发展新局面：资产总额复合增长率 47.37%，营业收入复合增长率 52.77%，利润总额复合增长率 46.07%，经济增加值复合增长率 50.42%，经济规模快速增长，经营质量效益显著提升。

平台业务方面：航天云网公司构建了以 INDICS + CMSS（cloud manufacturing support system，云制造支持系统）平台级解决方案为基础，以区域云、行业云、园区云、企业云等平台系列产品为落地的产品与服务体系。打造以平台为基础的工业互联网网关、企业上云一体机等软硬件产品，打造云端应用开发工具、云端应用运行工具，形成可用、好用的开发者社区。重点聚焦设备管理、生产过程管控、企业运营管理、资源配置协同、产品研发设计、金融等重点工业 APP 应用领域，打造“现象级”云化工业应用。持续优化迭代平台运营，为平台用户提供运营增值服务。

应用场景方面：航天云网公司发布了“一脑一舱两室两站一淘金”系统级工业应用等系列平台产品，构建 CMSS，汇聚航天航空、电子、机械、汽车、石化化工等多行业、多领域产业链资源，接入工业设备 102.4 万台（套），服务企业用户 34.05 万户，面向政府数字化治理和企业数字化转型需求，形成覆盖 10 大行业、84 个行业/领域的解决方案，有力支撑国家制造业转型升级。航天云网 INDICS 成功入选国家首批“跨行业跨领域”工业互联网平台，2020 年综合排名第二位，被国际权威研究机构 Forrester 评为中国工业物联网软件平台领导者前两位，初步确立了航天云网国家工业互联网领航者地位。

区域布局落地与协同发展方面：航天云网公司依托落地区域，在长三角、珠三角等重点区域，成功打造“五星上云”“银企助”产业链金融等特色模式，助力企业数字化转型；在广东横沥、江西南康、江苏常州等产业聚集地，建设运营模具、家居、纺织等行业云平台，强化整合上下游产业链，实现产业集群数字化发展。积极推进国际化战略布局，在中国香港、德国设立两家境外子公司，INDICS 国际云平台在德国等国家实现落地。

9.2 制造业资源共享案例分析——优制网

根据优制网，制造业的本质依然是完成产品生产制造的全过程，是企业技术能力、制造能力和制造资源的有效结合。互联网则可以通过网络效应和平台化服务，让更多制造企业的制造能力和制造资源得以对接，实现制造协同，并提高企业内和企业间资源的利用效率，实现合作共赢。

因此，优制网工业服务分享平台，是以制造服务和服务型制造为核心的制造资源分享平台，为企业提供制造资源、制造能力和技术服务能力的展示、推广与业务承接机会，帮助企业匹配合格服务商，实现制造企业间资源的优化与共享，让闲置资源通过服务产生价值。

9.2.1 发掘制造企业协同的特点

在专业化分工的今天，制造企业的核心竞争力更加集中于某些特定的能力，以得到更好的市场竞争效果，并通过外协、外包、技术合作等方式补充企业的能力短板。制造业与其他行业最大的不同就是在产品的实现过程中，往往跨越很多行业、工艺、设备、仪器和专业服务，因此制造业企业间的协同十分普遍。

对于制造企业而言，产品的研发、设计、生产、制造、运输、服务以及配套的服务都涉及企业间的协同。优制网认为制造业的企业间协同，一般可划分为供应链体系内的制造协同和临时性制造服务协同。这两种协同服务具有非常大的差别。

供应链体系内的制造协同是指企业为了保证定型产品批量化和准时交付所建立的供应链体系，包括日常的采购、外协、外包和相对固定的制造服务。其特点是在供应商体系的合格供应商中进行采购，品种稳定性较高，批量较大，重点是保证成本、交货期和交货质量。

临时性制造服务协同是指为了满足企业的特殊要求，临时寻找具备相应能力和资源的企业，提供对应的服务。其特点是任务来源不固定（如可能涉及研发、生产、质量、维修、检验等多个环节），种类随业务要求变化较多，批量较小，现有供应链体系内的供应商无法满足，往往需要专业的技术能力或制造资源，重点是要满足具体的技术要求。

由于供应链体系内的采购模式比较成熟，批量大，效率较高，用传统的管理模式可以较好地处理。而临时性制造服务有着较大的差别。

（1）每个业务部门都可能产生不同方向的临时性需求：例如，研发部门可能需要找协助做仿真分析的服务；产品部门可能需要做几个零件打样；工艺部门可能需要协助定制工装；产品部门可能需要协助进行性能测试；生产部门可能需要协助进行设备维修。

（2）采购部门不能有效响应临时性需求：由于各业务部门的需求的专业性和特殊性，采购部门不能以传统的采购方式响应。例如，需要某类设备才能完成产品的某个性能的测试。因此很多临时性采购需求最终会由各业务部门自行完成。

（3）临时性制造服务多品种、小批量的特征十分明显：临时性采购需求除非是企业紧急插单之类的，多数情况下往往是单项、单次或小批量的，超出了日常采购范围，现行的大批量采购的供应商往往不能响应。例如，为了完成某产品的生产，需要定做专门的工装，进行设备调校，这种最终往往由工艺部门或设备部门执行。

在此，我们举例子来简单描述这种关系。某电器公司设计了一款新产品，在设计过程中需要找设计公司进行电磁场分析；在试制过程中需要找 3D 打印公司 3D 打样后进行外观优化；在生产过程中找模具公司进行设计开模，找设备服务公司进行设备调校，找表面处理公司对产品表面进行特殊处理；在交付前需要将产品交付认证公司进行技术认定。由此可见，由于临时性制造服务与传统制造服务在来源、业务特点、品种数量等方面的不同，临时性制造服务的采购与标准化采购有较大差异。

所以，往往在业务部门提出要求后，采购部门仅仅只提供协助，最终由业务部门寻找合适的供应商，完成任务。而业务部门必须自己寻找供应商，完成供应商能力的评定，进行商务对接、报价比价和过程监控，最终完成任务。因此，临时性制造服务的执行更需要一个面向业务特点的互联网协同平台，通过技术、制造和服务能力的展示，以帮助各业务岗位根据自身的需求特点快速找到具备资质和能力的供应商。

9.2.2 解决制造企业的能力不足与资源过剩并存问题

由于生产制造的特殊性，制造企业往往必须具备相应的技术、设备和配套资源，以保证产品的关键生产过程能够得到有效的控制。优制网在与企业沟通中发现，由于企业产品种类、技术要求、工艺过程和设备资源等的不同，在企业的生产经营和管理过程中，往往存在能力不足与部分资源闲置并存的情况。

一方面，企业会根据业务需要将一部分设计、生产、检验或设备服务进行外包，以达到相应的目的。另一方面，由于企业产能不均衡、产品升级或者其他因素，企业内部必然存在一定的资源和能力闲置，导致资源或设备利用率不高，潜在价值不能有效发挥。

例如，某机械加工企业，主要产品为机电产品，企业配有精密数控机床、表面处理、钣金等加工设备若干，并配备有光学测量仪等专用设备，以及国家授权的检验检测资质。而由于各方面的原因，目前仍然存在如下现象。

企业可以完成计算机数值控制（computer numerical control，CNC）加工、表面处理、钣金加工等多种工艺制造，但是由于产品问题，产能不足，设备开工率较低，为了达到经济批量，有些设备一周只能保证开工两天。由于企业当前的市场销售以销售自有机电产品为主，企业缺乏主动对外承接相关工艺的外协和加工业务的组织和动力，对外承接外协加工的业务很少。

企业配套的一些专用设备和仪器，如光学测量仪属于高端设备，主要在新工艺和高精产品分析的时候使用，平时闲置较多。而社会上有许多中小企业买不起类似的设备，希望能以租用方式完成产品测量分析服务，但是不知道该企业拥有类似的设备。

企业所获取的国家授权的检验检测资质及重点实验室与设备情况类似，除了企业自身的产品研究外，最多有几个熟悉的企业之间有服务往来。企业技术力量和服务能力都非常雄厚，不仅给出检测报告，还经常给被检测方提供改进建议。但是外界根本不知道该企业有资质和能力提供类似的服务。

另外还有专业领域的零部件设计和分析能力、特殊工装夹具的设计制造能力、复杂机电产品的维修和维护等服务能力等均是类似的情况。

由于企业有自己的主打产品，主要目标为自有产品的生产和销售，因此尽管企业还有非常雄厚的制造服务能力和技术能力，但是在企业主体业务如官网上并不能突出这些制造服务业务。就算有一些对外的制造业务往来，往往也是关联企业或熟悉企业间的协助，并不为广大企业所了解，也就无从开展类似的服务项目了。

据优制网介绍，一方面许多企业拥有优秀的制造能力和服务能力，却缺乏有效的推广途径，并不为外人所知，造成制造能力和制造资源的闲置；另一方面，有需求的企业也缺乏合适的平台，苦于找不到合适的供应商。由于传统的电商平台并不能很好地支撑制造服务，供需双方不能实现有效对接，从而造成大量的制造资源和服务资源被动闲置。

近年来，由于制造业市场不景气，许多企业在转型发展的同时，也在探索如何实现内部挖潜，对于制造企业而言，不论其做汽车配件还是机械配件，既然自己拥有这些制造设备、制造资源和制造能力，只要是符合企业制造能力范围内的、不干扰企业当前业务的外协订单，都是可以承接的。这样不仅可以平衡企业内部的资源利用效率、拓展额外的制造服务业务收入，还可以让相关的业务部门在服务过程中不断加深对市场的了解，提升技术能力和客户服务水平。

9.2.3 北京利用互联网平台共享制造资源

目前，我国已成为当今世界上拥有制造资源最丰富的国家，而以上所描述的问题，正是目前我国制造行业大多数企业所遇到的普遍性问题，即制造服务领域缺乏有效的对接和沟通服务平台，造成企业能力不足和资源闲置并存的情况。

优制网认为，解决制造资源分散和利用率不高的问题，需要借助互联网技术，建立面向制造行业的资源共享与服务平台，通过平台实现制造服务的需求对接，从而提高单个企业、区域企业甚至全国制造企业的制造资源共享和效率的提升。目前，由于制造服务的特殊性，合适的制造业服务的在线协同平台非常少，传统的电子商务平台包括阿里巴巴在内更多地侧重于标准化产品的销售或简单服务，如果是个性化较强、按订单生产加工的产品或服务，则几乎无法在平台上进行呈现和交易，也很难真正实现制造资源的高效共享与优化配置。

为了促进制造企业间的业务协同、实现制造服务领域的供需对接，优制网定位于制造企业制造能力、制造资源和制造服务的共享服务平台，以制造企业制造资源和制造服务能力为核心，以设计、加工、定制、外协、外包和专业服务为主的企业互助式供需对接平台。优制网平台集合了机械制造、电子电器制造、非金属制造、个性化定制、检验检测、工程设备、工业设计和工业咨询等制造服务中心，为供需双方提供制造服务的供需对接服务。

在优制网平台上，服务方企业可将企业富余或闲置的制造能力、制造资源和专业服务资质在平台上进行分类展示，并通过平台承接其他企业的业务需求，充分发挥闲置资源的能力和价值，实现资源的合理配置。有制造和服务需求的企业可以在平台上发布加工、生产和专业服务等业务需求，并通过专业的服务搜索引擎实现服务方企业的服务类别、服务能力和服务资源的匹配，解决专业化的外协外包需求。

9.2.4　特色功能

（1）专业的制造服务分类：优制网根据产品制造过程和工艺方法，提供机械制造、电子电器制造、非金属制造、个性化定制、检验检测、工程设备、工业设计和工业咨询等不同的服务大类，并细分成 3D 打印、CNC 加工、模具制造、激光加工、钣金加工、印制电路板（printed circuit board，PCB）、SMT 贴片、控制柜加工、检测、计量、校准等 100 多个业务子类，制造企业可以根据业务的特点进行快速选择。

（2）突出制造能力和资源的呈现：在优制网上，制造企业可以多角度展现自己的制造服务能力，包括公司介绍、服务项目、制造资源（厂房、技术、设备等）、服务资质（资质、许可证书等）等制造能力和制造资源的充分呈现。让专业采购者可以根据企业所呈现的制造服务项目、制造能力和制造资源进行判断和匹配，体现“专业资源保证专业服务”，实现供需的精确对接。

（3）地图服务推进本地化配套：优制网可以实现基于地图的搜索，根据所搜索的服务项目将对应的服务商在地图上进行呈现。需求方可以通过地图搜索快速查找本地具备相应能力的制造企业和专业服务商，从而实现本地化的业务配套，方便进行更有效的需求对接和服务过程管理。

（4）专业的参数化服务搜索：优制网针对不同服务类型的特点，设置了专业化的参数搜索服务，如材料、加工尺寸、加工精度、起批数量、后续工艺能力等。服务方企业可以通过参数录入和对比体现自己的服务能力和专业性，从而获得更多需求方的认可。同时需求方也可以结合自己的需求特点，选择更适合的服务供应商。

（5）多级认证与商誉体系：优制网为了保证供需信息的有效性和真实性，设计了多级认证体系和商誉体系，根据企业的能力和资质予以匹配的推荐和展示机会，不同认证级别的供应商通过图标予以展示，帮助需求方快速进行分析和判断。

（6）全程的商务助手：优制网为供需双方的对接提供全程的商务助手。服务方企业可以在平台上浏览需求，并对需求业务进行承接和报价。需求方也可以直接向供应商询价，由服务方进行报价。供需双方可以在线完成报价和订单的提交与确认，进行服务过程的管理。双方还可以通过短信系统、即时通信（instant messaging，IM）系统进行互动和交流。

对于制造企业来说，资源的合理配置不仅可以提高企业的资源利用率，还可以提升制造服务收入，拓展制造服务发展途径。优制网认为，制造企业要善于利用公共平台来实现自身设计资源、制造资源、检测资源和服务能力的合理配置与充分利用，这样才能打造出高绩效、低成本的企业运营模式。

目前优制网已正式上线运营，平台基于制造资源服务化、制造能力服务化，以及制造过程个性化的理念，秉承“优选服务资源，制造合作良机”的宗旨，帮助企业匹配具备合格制造资源和服务能力的合作伙伴，从而实现制造企业间资源的优化与共享。

9.3 新能源汽车资源共享案例分析

随着北京环境和资源问题日益严峻，汽车产业的发展始终伴随着石油消耗和大气环境污染的双重危机，汽车的大面积普及使能源也大大消耗。所以出于能源安全角度和环保问题的考虑，发展新能源汽车的关键在于新能源核心技术的研究和开发。随着经济的发展，北京汽车制造业面临严峻的挑战。外资汽车品牌大规模地涌入我国市场，竞争日益激烈。北京汽车企业的供应链管理不完善的弊端逐渐呈现出来，如生产成本高、利润率低、产品质量低、库存多、物流成本过高、产品绿色度达不到标准等，严重阻碍了汽车业竞争力的提高。对于汽车制造业而言，必须在供应链协同管理中融入绿色理念，解决汽车制造业面临的资源和环境问题，最终提高北京汽车企业的竞争力。

9.3.1 国内新能源汽车资源共享案例分析

我国高度重视电动汽车技术的发展。“十五”期间，启动了“863 计划”电动汽车重大科技专项，确立了“三纵三横”（三纵：混合动力汽车、纯电动汽车、燃料电池汽车；三横：电池、电机、电控）的研发布局，取得了一大批电动汽车技术创新成果。“十一五”期间，组织实施了“863 计划”节能与新能源汽车重大项目，聚焦动力系统技术平台和关键零部件研发。经过两个五年计划的科技攻关以及北京奥运会、上海世博会、深圳大运会、“十城千辆”等示范工程的实施，我国电动汽车从无到有，在关键零部件、整车集成技术以及技术标准、测试技术、示范运行等方面都取得重大进展，初步建立了电动汽车技术体系。科技创新为我国新能源汽车战略性新兴产业的形成奠定了良好基础。

中国工程院院士金涌在 2022 世界智能网联汽车大会的专题论坛上表示，中国在可再生能源技术上处于领先地位，光伏发电无论从成本上，还是技术上，已经完全可以替代火力发电，中国可以打造一个没有二氧化碳的电力系统。汽车的电动化是大势所趋，我国新能源汽车发展优势明显，不仅有具有全球竞争力的产品，而且形成了完整的产业链，包括原材料、部分关键零件、整车、电机、电控、电池等各个方面都有技术，不过，芯片、传感器、仿真技术等仍旧落后，充电设施、智能网联尚不完善。

作为中国新能源汽车的领导者，比亚迪汽车公司成立于 1995 年，由成立之初一个单纯的电池制造商，在 2003 年已经成为全球第二大充电电池生产商，并于 2003 年开始投入汽车行业当中。2010 年，比亚迪和戴姆勒签署了关于成立股比为 50∶50 的研发技术合资公司“深圳比亚迪戴姆勒新技术有限公司”的协议，致力于在中国、为中国研发生产新能源汽车。2021 年 12 月，比亚迪与戴姆勒签署了关于调整其合资公司深圳腾势新能源汽车有限公司架构的股权转让协议，该转让完成后，比亚迪和戴姆勒将分别持有该公司 90%和 10%的股权。据新浪汽车报道，2010 年 8 月 18 日，国务院国有资产监督管理委员会牵头的“中央企业电动车产业联盟成立大会”在北京举行，该联盟由十六家央企共同发起，主要任务是整合中央企业资源，建立推动电动车产业整体发展的开放技术平台，统一产业技术标准，共同研发电动车新技术、新产品、新方案、新模式，共享技术成果，促进我国电动车的应用普及与市场发展，全面提升我国电动车产业的整体技术水平和全球竞争力。在第二十一届中国北京国际科技产业博览会上，北汽集团携旗下北汽新能源、福田汽车、北京现代等单位集体展出，重点展示北汽集团整车制造技术和新能源汽车、汽车智能化、网联化、轻量化技术。北汽集团已确立了以全面新能源化为重要特征的“引领 2025 战略”，到 2025 年，要建成世界级的新能源汽车科技创新中心和世界级的新能源汽车企业。2017 年 12 月 9 日，北京市新能源汽车技术创新中心成立，其中北汽新能源总部“中国蓝谷”位于亦庄。创新中心在 2018 年完成了试验试制平台、科研服务平台、孵化辅导平台的基础搭建，完成整车、电驱动、动力电池中试基地的建设；并积极申报国家新能源汽车技术创新中心。创新中心将提前布局智慧汽车、飞行汽车、变形汽车等创新产品，在核心关键领域，重点布局燃料电池技术、动力电池技术、插电式混合技术、电驱动技术、电控技术和轻量化技术，提升正向设计开发、整车轻量化和产品智能化水平。

9.3.2 北京新能源汽车资源共享存在的问题

当前，北京新能源汽车行业处于快速发展阶段，但北京新能源汽车行业发展过程中也存在以下三方面的问题。

1）配套基础设施不完善

新能源汽车面临停车难的问题。2022 年 1 月初，《北京晚报》报道了充电车位被燃油车占用，导致新能源车主无法正常停车充电的问题。如何解决新能源汽车停车问题需要企业、政府和社会的共同努力。

新能源汽车也面临充电难的问题。王柳尧在 2020 年发表于《时代汽车》一篇题目为《北京市新能源共享汽车使用问题与调研分析》的文章中指出，从北京市内整体来看，汽油车占用新能源汽车专用停车位现象也十分严重。由于人们对新能源专属停车位意识淡薄、停车位紧张，以及停车场从经济利益角度出发，很多新能源专用停车位形同虚设。王柳尧建议在充电桩建设上应以快充桩为主体。因为快充比慢充在时间上有明显优势。北京汽车集团有限公司总经理张夕勇在 2022 年 9 月第十八届中国汽车产业发展（泰达）国际论坛做主题演讲时指出，截至 2021 年，北京市公共充电桩 9.5 万个，其中，快充 4.6 万个，占比将近 49%，但是新能源商用车充电、加氢站等基础设施仍不完善，而且距离货物集散地和车辆停放地较远，不能有效满足新能源商用车的使用场景需求。张夕勇建议推动峰谷电价普及应用，引导商用车进行有序充电。同时，对新能源物流车辆给予适当的用电奖补政策，奖补标准不低于实际充电总额的 20%。

2）产业转型升级迫切

北京面临产业转型升级的问题。北京低端制造业外迁，而作为“高端制造业”代表的新能源汽车产业，得到了前所未有的重视，北京亟须引入新的高端新能源制造企业，并以优质新能源车企为中心，尽快形成新能源汽车产业集群。未来，汽车将在人工智能、5G、物联网、大数据等技术的加持下，助力车联网、人机交互、自动驾驶等诸多应用，通过空中下载技术（over-the-air technology，OTA）实现升级换代，实现汽车的智能化、数字化。汽车产品和产业也将会围绕这个进行电子架构的变革和数字化的再造。

3）商用车新能源化成本高、政策不完善

商用车新能源化面临的主要问题是依然受成本高、政策不完善等因素影响。王柳尧在 2020 年发表于《时代汽车》一篇题目为《北京市新能源共享汽车使用问题与调研分析》的文章中指出，当前我国商用车新能源化存在很多问题，尤其是京津冀地区，商用车新能源渗透率低于全国平均水平。数据显示，截至 2021 年底，京津冀商用车保有量为 345 万辆，从排放结果来看，高排放车辆占比仍然较高，新能源商用车的保有量约为 9.6 万辆，新能源渗透率仅为 2.8%，纯电动车为 8.8 万辆，渗透率为 2.6%。而北京市商用车新能源渗透率为 3%左右。相比于深圳、成都等新能源发展较好的区域来说仍有差距。

9.3.3 北汽集团新能源汽车资源共享分析

1）北汽集团简介

北京汽车集团有限公司（简称北汽集团，官网 https://www.baicgroup.com.cn）是中国汽车行业的骨干企业，起源于 1958 年成立的北京汽车制造厂，现已发展为产业链涵盖整车及零部件研发制造、汽车服务贸易、综合出行服务、金融与投资等业务，年营业收入超 5000 亿元，世界 500 强排名第 124 位的大型企业集团。

同时，北汽集团也是国内新能源汽车产业的先行者、“双碳”战略的践行者、北京市“高精尖”发展的推动者。早在 2003 年，北汽集团旗下福田汽车就开启了商用车新能源业务；2009 年，北汽成立了国内第一家新能源汽车公司——北汽新能源，正式拉开了绿色发展的大幕。北汽集团坚持纯电动、燃料电池、混动三条路线齐头并进，构建起围绕新能源乘用车、商用车产品及出行配套延伸服务的新能源汽车生态圈。

2）北汽新能源公司资源共享案例

2009 年底，北汽新能源由北汽集团发起并控股，成为我国首家独立运营、首个获得新能源汽车生产资质、首家进行混合所有制改革、首批试点国有企业员工持股改革的新能源汽车企业。2011 年 12 月 30 日，北汽新能源自主品牌纯电动轿车 E150EV 在采育总装车间正式下线；2012 年 4 月 13 日，北汽新能源首款纯电动量产车 E150EV 在北京市 11 个委办局、国家电网以及京郊出租车领域示范运行，拉开了北汽新能源纯电动汽车规模化示范运营的帷幕。在补贴退坡、私人消费市场爆发等多重因素影响之下，北汽新能源销量在 2019 年之后急转直下，难以支撑北京新能源汽车产业的发展。

3）福田汽车公司资源共享案例

（1）研究开发方面：福田汽车作为北汽集团旗下的汽车企业，在氢能和燃料电池方面，是进行产品研发最早、技术积累最深、示范运营里程最长的商用车企业，不仅具备先发优势，还有技术储备和商业模式经验。早在 2006 年，福田汽车便承接了当时的“863 计划”，开始氢燃料电池客车研发。如今，福田汽车已经创下了五大产品首发纪录：国内最早开启燃料电池客车预研、国内首个氢燃料电池电动卡/客车公告、全球首款 49T/32T 液氢重卡产品、国内首次批量生产 42T 氢燃料电池重卡、国内首辆 70MPa 氢燃料客车。有四项技术首发纪录：全球首个商业化氢喷阀与引射器并联供氢集成系统、气压循环利用系统，全球首个–35℃试验、运营及搭载最大燃料电池系统，国内最大功率车规级燃料电池系统、最大容量车载储氢技术，国内领先极寒环境无损全功率冷启动技术、全气候车-机-人热管理技术。福田汽车还是氢燃料电池商用车落地运营的引领者，2008 年北京奥运会期间，福田欧辉 3 辆氢燃料电池客车便进行了示范运营。在 2009～2017 年间，福田欧辉燃料电池客车累计实现了 2 万辆的交付、运营，不仅树立了燃料电池客车示范运营的榜样，也让其燃料电池动力技术和整车品质，获得了市场化验证。福田汽车由此还创下了氢燃料电池客车最长行驶里程。截至 2022 年 9 月，福田汽车累计交付氢燃料客车总运营里程超过 2×10^7km。2022 年北京冬奥会示范运营的 1000 辆氢燃料汽车中，福田汽车氢燃料客车就占据了 515 辆。创下有史以来氢燃料客车服务国际级运动赛事规模最大、车型数量最多的纪录，为福田汽车氢燃料电池商用车全系列推广奠定了基础。截至目前，福田汽车已发布包括自卸车、牵引车在内的多款氢燃料电池重卡，并规模化投入示范运营。

（2）与企业资源合作共享方面：福田汽车通过合作完成了国内首次氢燃料客车碰撞试验，福田汽车与清华大学、亿华通共同攻关研发的“氢燃料电池客车关键技术及应用”荣获“中国汽车工业科学技术进步奖”一等奖，持续深化开放合作，与麦格纳、宁德时代、博世等建立了战略合作伙伴关系，持续推进新能源产业链建设。面对“新能源汽车 + 智能驾驶”这个未来汽车产业风口，北汽集团与华为联合，共同解决了智能电动车软硬件结合的多种难题和挑战。双方携手推出了搭载 HI 华为全栈智能汽车解决方案的量产车——极狐阿尔法 S 全新 HI 版，在激光雷达布置、5G 天线集成等众多方面实现技术首创及领先。

（3）与政府合作方面：福田汽车与上下游企业合作，打造氢燃料电池核心价值链的同时，与地方政府协同搭建产业集群的工作，也正式步入了正轨。在北京市氢能产业规划指导下，福田汽车将在昌平区打造氢能产业基地，以整车为牵引，布局技术创新、整车制造、系统及关键零部件制造、氢能制储运加技术装备、后端应用等五大板块，助力昌平区产业转型升级。

（4）打造产业链共享模式方面：福田汽车率先发布了构建未来氢能产业生态的全局战略，做出整车企业商用车氢能产业链“链长”示范。对于氢能产业发展，福田汽车制定了明确的“创新引领、深度协同、场景拉动、规模支持”经营方针。即以创新为引领，开展氢燃料汽车及整个产业链关键技术创新研发，以及管理模式、推广模式、产业链融合模式创新等；与产业链相互融合，协同发展；在“宜电则电、宜氢则氢”的原则下，发挥燃料电池汽车运距、载重、环境适应性方面的优势，针对应用场景推广氢燃料电池汽车；以规模化推广为目标，带动产业发展。2020 年，福田汽车率先发布了中国首个《氢燃料电池商用车战略规划》，确定未来将在城市客运、城市物流、矿山/城建/港口/场内、市政环卫/机场等适宜氢燃料电池商用车使用的场景中，布局包含大中客车、重卡、中卡和轻卡的氢燃料电池车型产品。2022 年 4 月 18 日，福田汽车与中国石化、轻程物联共同成立中石化销售氢能源（北京）有限责任公司。同时表示不仅要面向不同应用场景规划布局氢燃料商用车全系列车型，还将在未来以更开放的姿态，链合产业链，深入构建氢能生态圈。2022 年 6 月 23 日，福田汽车与博世创投、博原嘉成、亿华通、福源智慧，共同出资成立北京卡文新能源汽车有限公司，主营业务为纯电和氢燃料商用车等相关产品研发、生产、销售，相关整车租赁、数据等产业生态业务。

9.4 本章小结

本章首先分析了航天云网案例，在航天云网案例中，航天云网公司以互联网、云计算、大数据技术的应用为基础，倾力打造国家首个工业互联网公共服务平台。通过航天云网实现了构建和打造以工业互联网为基础的云制造产业集群生态，兼容智能制造、协同制造和云制造三种现代制造形态的目标。在优制网案例中，优制网工业服务分享平台以制造服务和服务型制造为核心，为企业提供制造资源、制造能力和技术服务能力的展示、推广与业务承接机会，帮助企业匹配合格的服务商，实现制造企业间资源的优化与共享，让闲置资源通过服务产生价值。在北汽集团案例中，对北京新能源汽车制造业的现状和存在的问题进行了分析。

参 考 文 献

鲍志彦, 赵乃瑄. 2020. 大数据视阈下的高校专利信息服务模式构建与应用研究[J]. 情报理论与实践, 43(3): 111-115.

北京市区块链工作专班专家组. 2020. 北京市政务服务领域区块链应用创新蓝皮书(第一版)[EB/OL]. [2020-8-1]. https://www.hrssit.cn/info/2054.html

车帅, 雷毅, 张小潘, 等. 2002. 基于 ASP 的产品客户化定制平台制造资源评估模型[J]. 组合机床与自动化加工技术, (6): 12-15.

陈浩, 袁逸萍, 李晓娟, 等. 2013. 基于 QoS 的云制造制造资源组合评价方法[J]. 组合机床与自动化加工技术, (12): 25-32.

陈永广. 2015. 发达国家推动制造业服务化的经验及启示[J]. 中国工业评论, (11): 40-45.

陈友玲, 刘传彪, 阳玮琦, 等. 2017. 云制造环境下能力资源需求的评价与选择[J]. 计算机集成制造系统, 23(10): 2304-2312.

程颖, 陶飞, 张霖, 等. 2015. 面向服务的制造系统中制造服务供需匹配研究综述与展望[J]. 计算机集成制造系统, 21(7): 1930-1940.

代亚荣, 顾寄南, 谢俊. 2008. 基于语义 Web 服务的制造资源发现机制的研究[J]. 机械设计与制造, 45(9): 111-112.

房亚东, 杜来红, 何卫平, 等. 2009. 快速扩散制造环境下制造资源选择技术研究[J]. 计算机集成制造系统, 15(3): 515-536.

甘佳, 段桂江. 2012. 云制造服务信任评估技术[J]. 计算机集成制造系统, 18(7): 1527-1535.

国家发展改革委. 2020. 中国营商环境报告 2020[R]. 北京: 中国地图出版社.

韩江洪, 王梅芳, 马学森. 2008. 基于自适应遗传算法的虚拟企业伙伴选择求解[J]. 计算机集成制造系统, 14(1): 118-123.

郝世博, 徐文哲, 唐正韵. 2018. 科学数据共享区块链模型及实现机理研究[J]. 情报理论与实践, 41(11): 57-62.

何蒲, 于戈, 张岩峰, 等. 2017. 区块链技术与应用前瞻综述[J]. 计算机科学, 44(4): 1-7.

何炎祥, 吴思. 1998. 一种改进的启发式任务分配算法[J]. 计算机研究与发展, 35(3): 219-223.

贺文锐, 何卫平. 2004. 基于 Web Services 的网络化制造资源管理的关键技术研究[J]. 计算机集成制造系统, 10(11): 1382-1388.

侯衡. 2018. 区块链技术在电子政务中的应用: 优势、制约与发展[J]. 电子政务, (6): 22-30.

胡耀民, 刘伟铭. 2010. 基于改进型蚁群算法的最优路径问题求解[J]. 华南理工大学学报(自然科学版), 38(10): 105-110.

黄剑, 刘建胜, 夏芳臣. 2013. 云制造模式下多零件的制造资源优化配置方法研究[J]. 制造业自动化, (24): 38-41.

黄旭, 吴小红, 马小龙. 2015. 基于排队论的云服务分流博弈及均衡分析[J]. 兰州理工大学学报,

41(3): 96-101.
江平宇, 朱琦琦, 张定红. 2011. 工业产品服务系统及其研究现状[J]. 计算机集成制造系统, 17(9): 2071-2078.
姜红德. 2016. 航天云网: 肩负工业互联网使命[J]. 中国信息化, (11): 48-50.
金菊良, 魏一鸣, 丁晶. 2004. 基于改进层次分析法的模糊综合评价模型[J]. 水利学报, 35(3): 65-70.
李伯虎, 张霖, 王时龙, 等. 2010. 云制造——面向服务的网络化制造新模式[J]. 计算机集成制造系统, 16(1): 1-7.
李伯虎. 2011. 云制造——制造领域中的云计算[J]. 中国制造业信息化, (10): 24-26.
李浩, 纪杨建, 祁国宁, 等. 2010. 制造与服务融合的内涵、理论与关键技术体系[J]. 计算机集成制造系统, 16(11): 2521-2529.
李浩, 罗国富, 谢庆生. 2007. 基于应用服务提供商的动态联盟制造资源评估模型研究[J]. 计算机集成制造系统, 13(5): 862-868.
李惠林, 殷国富, 谢庆生, 等. 2008. 面向网络化制造的制造资源组合评价方法研究[J]. 计算机集成制造系统, 14(5): 955-961.
李明辉, 石宇强, 王俊佳, 等. 2016. 面向中小包装企业的云制造服务平台研发与应用[J]. 包装工程, 37(5): 178-184.
李天博. 2015. 云制造环境下汽车供应链协同的制造资源共享研究[D]. 天津: 天津大学.
刘海霞, 李仁旺, 李学, 等. 2008. 基于遗传模拟退火算法的制造网格资源调度策略[J]. 计算机工程与应用, 44(6): 234-236.
刘金山, 廖文和, 郭宇. 2008. 基于双链遗传算法的网络化制造资源优化配置[J]. 机械工程学报, (2): 234-236.
刘丽兰, 俞涛, 施战备, 等. 2003. 自组织制造网格及其任务调度算法[J]. 计算机集成制造系统, 9(6): 449-455.
刘赛, 李绪蓉, 万麟瑞. 2012. 基于排队论的云计算资源池模型研究[J]. 计算机技术与发展, 22(12): 87-89.
刘卫宁, 刘波, 孙棣华. 2013. 面向多任务的制造云服务组合[J]. 计算机集成制造系统, 19(1): 199-209.
罗大海. 2015. 面向云制造的服务资源优选建模及仿真研究[D]. 南昌: 南昌大学.
马雪芬, 戴旭东, 孙树栋. 2004. 面向网络化制造的制造资源优化配置研究[J]. 计算机集成制造系统, 10(5): 179-193.
马永军, 李荣彬, 张曙. 2000. 制造网络的发展状况[J]. 机械科学与技术, 19(3): 458-462.
潘伟杰, 谢庆生, 李少波. 2011. 基于 Pareto 的制造资源能力评价[J]. 制造业自动化, 33(4): 91-93.
庆龙, 李建武. 2017. 云计算中一种基于排队论的资源分配方案[J]. 无线电通信技术, 43(5): 47-51.
任磊, 张霖, 张雅彬, 等. 2011. 云制造资源虚拟化研究[J]. 计算机集成制造系统, 17(3): 511-518.
盛步云, 张成雷, 卢其兵, 等. 2015. 云制造服务平台供需智能匹配的研究与实现[J]. 计算机集成制造系统, 21(3): 822-830.
宋庭新, 张成雷, 李成海, 等. 2013. 中小企业云制造服务平台的研究与开发[J]. 计算机集成制造系统, 19(5): 1147-1154.
苏凯凯, 徐文胜, 李建勇. 2015. 云制造环境下基于非合作博弈的资源优化配置方法[J]. 计算机集成制造系统, 21(8): 2228-2239.
孙奇茹, 刘苏雅. 2022. 创新驱动更好发挥示范性[N]. 北京日报, 2022-02-25(T04).
邰丽君, 胡如夫, 赵韩, 等. 2013. 面向云制造服务的制造资源多目标动态优化调度[J]. 中国机械工程, 24(12): 1616-1622.
谭宜勇, 王锐, 范玉顺, 等. 2010. 分布式工作流中的自适应实时任务调度方法[J]. 计算机集成制造系统, 16(9): 1187-1195.
唐卫宁, 徐福缘. 2008. 基于改进混合蚁群算法的大批量定制协同制造链优化[J]. 中国机械工程, 19(23): 2819-2824.
陶飞, 胡业发, 张霖. 2010. 制造网络资源服务优化配置理论与方法[M]. 北京: 机械工业出版社.
汪卫星, 刘飞. 2012. 云制造资源的一种发现机制[J]. 广西大学学报(自然科学版), 37(2): 323-327.
王昊. 2017. 航天云网平台: 中国工业互联网先锋[J]. 中国工业评论, (Z1): 80-84.
王化吉, 宗长富, 管欣, 等. 2011. 基于模糊层次分析法的汽车操纵稳定性主观评价指标权重确定方法[J]. 机械工程学报, 47(24): 83-90.
王继业, 高灵超, 董爱强, 等. 2017. 基于区块链的数据安全共享网络体系研究[J]. 计算机研究与发展, 54(4): 742-749.
王金丽, 樊勇, 张辉. 2020. 区块链文献主题发现及演化研究[J]. 计算机工程与应用, (20): 1-8.
王毛路, 高航, 陆静怡. 2018. 区块链和共享经济的关键问题研究[J]. 电子政务, (4): 42-48.
王瑞丹, 赵启阳, 石蕾, 等. 2020. 面向科技资源管理与共享服务的区块链应用模式研究[J]. 中国科技资源导刊, 52(4): 61-69.
王时龙, 宋文艳, 康玲, 等. 2012. 云制造环境下的制造资源优化配置研究[J]. 计算机集成制造系统, 18(7): 1396-1405.
王永生, 田凯. 2020. 海淀基于区块链的中小企业金融服务平台实现首笔放款[J]. 中关村, (3): 58-59.
王正成, 潘晓弘, 潘旭伟. 2010. 基于蚁群算法的网络化制造资源服务链构建[J]. 计算机集成制造系统, 16(1): 174-181.
徐尚英, 王倩, 陈冬林, 等. 2021. 融入区块链即服务的科技服务数据共享机制[J]. 科技管理研究, (6): 116-123.
许志军, 殷国富. 2010. 基于蚂蚁算法的制造资源搜索调度研究[J]. 微计算机信息, (15): 8-10.
杨辉, 谢庆生. 2005. 基于人工神经网络的动态联盟制造资源评估方法[J]. 贵州工业大学学报(自然科学版), 34(4): 54-58.
杨爽, 贾晓青, 周志强. 2013. “长吉一体化”科技信息共享平台功能设计[J]. 情报科学, 31(7): 144-149.
杨兆廷, 李俊. 2019. 基于“区块链 + 大数据”的科技型中小企业融资方式创新[J]. 金融理论探索, (6): 3-7.
杨仲基, 王宏起, 李玥. 2019. 区域综合科技服务平台生态系统构建及应用研究[J]. 科学管理研究, 37(6): 84-87.
姚国庆. 2007. 博弈论[M]. 北京: 高等教育出版社.
尹超, 张云, 钟婷. 2012. 面向新产品开发的云制造服务资源组合优选模型[J]. 计算机集成制造系统, 18(7): 1368-1378.
尹胜, 尹超, 刘飞, 等. 2010. 多任务外协加工资源优化配置模型及遗传算法求解[J]. 重庆大学学报, 33(3): 49-55.
余剑峰, 李原, 于海山, 等. 2008. 基于自适应蚁群算法的协同制造项目资源优化配置[J]. 计算机集成制造系统, 14(3): 576-580.
余益民, 陈韬伟, 段正泰, 等. 2019. 基于区块链的政务信息资源共享模型研究[J]. 电子政务, (4): 58-67.
袁勇, 王飞跃. 2016. 区块链技术发展现状与展望[J]. 自动化学报, 42(4): 481-494.
张成华, 李晓峰. 2013. 无人机数据共享平台结构及功能设计[J]. 舰船电子工程, 33(3): 70-73.
张传顺, 莫蓉, 石胜友, 等. 2006. 基于遗传算法的制造网格资源调度方法研究[J]. 中国机械工程, (18): 1916-1920.
张霖, 罗永亮, 范文慧, 等. 2011. 云制造及相关先进制造模式分析[J]. 计算机集成制造系统, 17(3): 458-468.
张霖, 罗永亮, 陶飞, 等. 2010. 制造云构建关键技术研究[J]. 计算机集成制造系统, 16(11): 2510-2520.
张远龙, 屠建长, 谢文东. 2015. 基于模糊层次分析法的云制造资源评价[J]. 机械制造, 53(6): 49-52.
赵道致, 张笑, 杜其光. 2015. 云制造模式下基于 Pareto 最优的制造资源动态优化配置[J]. 系统工程, (9): 109-115.
赵付青, 李瑞生. 2007. 基于多 Agent 和遗传算法的制造网格资源调度[J]. 兰州理工大学学报, 33(6): 85-88.
赵莉. 2018. 赵莉: 以高质量发展为核心推动首都新发展——2018 年北京市政府工作报告精神解读[EB/OL]. [2018-1-30]. http://www.71.cn/2018/0130/984563.shtml.
赵鹏. 2012. 基于博弈论思想的云制造资源调度策略研究[D]. 桂林: 桂林理工大学.
赵鹏军, 刘三阳. 2009. 应用新蛙跳算法求解复杂函数优化问题[J]. 电脑应用研究, 26(7): 2435-2437.
郑立斌, 顾寄南, 张鹏飞. 2011. 网络制造资源的评价与选择[J]. 机械设计与研究, 27(5): 64-66.
种国双, 赵衡, 裴小兵. 2019. 科技资源共享: 需求、服务机制和服务模式[J]. 科技管理研究, (22): 28-34.
周宏虹, 伍诗瑜. 2019. 我国科技信息资源共享平台建设现状[J]. 科技管理研究, 39(5): 174-178.
周艳美, 李伟华. 2008. 改进模糊层次分析法及其对任务方案的评价[J]. 计算机工程与应用, 44(5): 212-214.
朱李楠. 2014. 云制造环境下资源建模及其匹配方法研究[D]. 杭州: 浙江工业大学.
朱昱锦, 姚建国, 管海兵. 2020. 区块链即服务: 下一个云服务前沿[J]. 软件学报, 31(1): 1-19.
朱哲岐. 2014. 云制造环境下制造资源的优化匹配研究[D]. 重庆: 重庆大学.
祝烈煌, 高峰, 沈蒙, 等. 2017. 区块链隐私保护研究综述[J]. 计算机研究与发展, 54(10): 2170-2186.
Anupindi R, Akella R. 1993. Diversification under supply uncertainty[J]. Management Science, 39(8): 944-963.
Bandyopadhyay S, Bhattacharya R. 2013. A generalized measure of bullwhip effect in supply chain with ARMA demand process under various replenishment policies[J]. International Joural of Advanced Manufacturing Technology, 68(5): 963-979.
Blackhurst J, Wu T, Grady P. 2004. Network-based approach to modeling uncertainty in a supply chain[J]. International Journal of Production Research, 42(8): 1639-1658.
Candido G, Colombo A, Barata J, et al. 2011. Service-Oriented infrastructure to support the

deployment of evolvable production systems[J]. IEEE Transactions on Industrial Informatics, 7(4): 750-767.

Cao Y, Wu Z, Liu T, et al. 2016. Multivariate process capability evaluation of cloud manufacturing resource based on intuitionistic fuzzy set[J]. The International Journal of Advanced Manufacturing Technology, 84(1): 227-237.

Cheng T, Wu Y. 2006. A multi-product, multi-criterion supply demand network equilibrium model[J]. Operations Research, 54(3): 544-554.

Cheng Y, Tao F, Zheng L, et al. 2013. Energy-aware resource service scheduling in cloud manufacturing system based on utility evaluation[J]. Journal of Engineering Manufacture, 227(12): 1901-1915.

Cucinotta T, Palopoli L, Abeni L, et al. 2010. On the integration of application level and resource level QoS control for real-time applications[J]. IEEE Transactions on Industrial Information, 6(4): 479-491.

Ding Y, Tao F, Sheng B, et al. 2008. Modeling and application of optimal-selection evaluation for manufacturing grid resource[J]. International Journal of Computer Integrated Manufacturing, 21(1): 62-72.

Dou J, Dai X, Meng Z. 2009. Precedence graph-oriented approach to optimize single-product flow-line configuration so reconfigurable manufacturing system[J]. International Journal of Computer Integrated Manufacturing, 22(10): 923-940.

Elbeltag I E, Hegazy T. 2007. A modified shuffled frog leaping optimization algorithm applications to project management[J]. Structure and Infrastructure Engineering, 3(1): 53-60.

Eusuff M M, Lansey K E. 2003. Optimization of water distribution network design using the shuffled frog leaping algorithm[J]. Journal of Water Resources Planning & Management, 129(3): 210-225.

Fang J, Qu T, Li Z. 2013. Agent-based gateway operating system for RFID-enabled ubiquitous manufacturing enterprise[J]. Robotics & Computer-Integrated Manufacturing, 29(4): 222-231.

Feng L, Zhang H, Chen Y, et al. 2018. Scalable dynamic multi-agent practical Byzantine fault-tolerant consensus in permissioned blockchain[J]. Applied Sciences, 8: 1919.

Feng L, Zhang H, Tsai W T, et al. 2019. System architecture for high-performance permissioned blockchains[J]. Frontiers Computer of Science, 13(6): 1151-1165.

Fudenberg D, Tirole J. 1991. Game Theory[M]. Cambridge: The MIT Press.

Gerasimou G. 2010. Consumer theory with bounded rational preferences[J]. Journal of Mathematical Economics, 46(5): 708-714.

Guide V D R, Teunter R H, Wassenhove L. 2003. Matching demand and supply to maximize profits from remanufacturing[J]. Manufacturing & Service Operations Management, 5(4): 303-316.

Gumasta K, Gupta S, Benyoucef L, et al. 2011. Developing a reconfigurability index using multi-attribute utility theory[J]. International Journal of Production Research, 49(6): 1669-1683.

Gupta A, Marans C. 2003. Managing demand uncertainty in supply chain planning[J]. Computers & Chemical Engineering, 27(8/9): 1219-1227.

Huang B, Li C, Yin C, et al. 2013. Cloud manufacturing service platform for small and medium sized enterprises[J]. International Journal of Advanced Manufacturing Technology, 65(9): 1261-1272.

Jeong B, Stylianou A. 2011. Market reaction to application service provider(ASP)adoption: An empirical investigation[J]. Information & Management, 47(3): 176-187.

Jia H, Fuh J, Nee A. 2007. Integration of genetic algorithm and Gantt chart for job shop scheduling in distributed manufacturing systems[J]. Computers & Industrial Engineering, 53(2): 313-320.

Jiao J, You X, Kumar A. 2006. An agent-based framework for collaborative negotiation in the global manufacturing supply chain network[J]. Robotics & Computer-Integrated Manufacturing, 22(3): 239-255.

Johansson P, Olhager J. 2004. Industrial service profiling: Matching service offerings and processes[J]. International Journal of Production Economics, 89(3): 309-320.

Lee H. 2002. Aligning supply chain strategies with product uncertainties[J]. California Management Review, 44(3): 105-119.

Li D, Li F, Huang X, et al. 2010. A model based integration framework for computer numerical control system development[J]. Robotics & Computer-Integrated Manufacturing, 26(4): 333-343.

Liang X, Shetty S S, Tosh D K, et al. 2017. ProvChain: A blockchain-based data provenance architecture in cloud environment with enhanced privacy and availability[C]. 2017 17th IEEE/ACM International Symposium on Cluster, Cloud and Grid Computing(CCGRID), Madrid: 468-477.

Lin C, Wang T. 2011. Build-to-order supply chain network design under supply and demand uncertainties[J]. Transportation Research Part B-Methodological, 45(8): 1162-1176.

Liu Y, Zhang Z G. 2006. Research on tasks ranking in workflow based on fuzzy analytic hierarchy process[J]. Computer Integrated Manufacturing Systems, 12(5): 688-691, 701.

Lu Q, Sheng B. 2016. Evaluation method of manufacturing resources based on fuzzy analytic hierarchy process and grey relational analysis[C]. International Conference on Industrial Informatics-Computing Technology, Intelligent Technology, Industrial Information Integration, Wuhan, (10): 102-106.

Medjahed B, Atif Y. 2007. Context-based matching for Web service composition[J]. Distributed and Parallel Databases, 21(1): 5-37.

Monostori L, Vancza J, Kumara S. 2006. Agentbased systems for manufacturing[J]. CIRP Annals-Manufacturing Technology, 55(2): 697-720.

Moon C, Lee Y, Jeong C, et al. 2008. Integrated process planning and scheduling in a supply chain[J]. Computers & Industrial Engineering, 54(4): 1048-1061.

Morariu C, Morariu O, Borangiu T. 2013. Customer order management in service oriented holonic manufacturing[J]. Computers in Industry, 64(8): 1061-1072.

Mula J, Poler R, Garcia-Sabater J, et al. 2006. Models for production planning under uncertainty: A review[J]. International Journal of Production Economics, 103(1): 271-285.

Nash J F. 1950a. Equilibrium points in N-person games[J]. Proceedings of the National Academy of Sciences of the United States of America, 36(1): 48-49.

Nash J F. 1950b. The bargaining problem[J]. Econometrica, 18(2): 155-162.

Nash J F. 1951. Non-cooperative games[J]. Annals of Mathematics, 54(2): 286-295.

Nishino N, Wang S, Tsuji N, et al. 2012. Categorization and mechanism of platform-type productservice systems in manufacturing[J]. CIRP Annals-Manufacturing Technology, 61(1): 391-394.

Peidro D, Mula J, Poler R, et al. 2009. Quantitative models for supply chain planning under uncertainty: A review[J]. International Journal of Advanced Manufacturing Technology, 43(3/4): 400-420.

Sawik T. 2009. Coordinated supply chain scheduling[J]. International Journal of Production Economics, 120(2): 437-451.

Shen W, Hao Q, Wang S, et al. 2007. An agent-based service oriented integration architecture for collaborative intelligent manufacturing[J]. Robotics & Computer-Integrated Manufacturing, 23(3): 315-325.

Shen W, Hao Q, Yoon H J, et al. 2006a. Applications of agent-based systems in intelligent manufacturing: An updated review[J]. Advanced Engineering Informatics, 20(4): 415-431.

Shen W, Wang L, Hao Q. 2006b. Agent-based distributed manufacturing process planning and scheduling: A state-of-the-art survey[J]. IEEE Transactions on Systems Man & Cybernetics Part C, 36(4): 563-577.

Shimomura Y, Kimita K, Tateyama T, et al. 2013. A method for human resource evaluation to realize high-quality PSSs[J]. CIRP Annals-Manufacturing Technology, 62(1): 471-474.

Swaminathan J. 2000. Tool capacity planning for semiconductor fabrication facilities under demand uncertainty[J]. European Journal of Operational Research, 120(3): 545-558.

Taghipour A, Frayret J. 2013. Dynamic mutual adjustment search for supply chain operations planning coordination[J]. International Journal of Production Research, 51(9): 2715-2739.

Tao F, Hu Y, Zhao D, et al. 2009. Study on manufacturing grid resource service QoS modeling and evaluation[J]. International Journal of Advanced Manufacturing Technology, 41(9/10): 1034-1042.

Tao F, Zhang L, Venkatesh V, et al. 2011. Cloud manufacturing: A computing and service-oriented manufacturing model[J]. Journal of Engineering Manufacture, 225(10): 1969-1976.

Tao F, Zhao D, Hu Y, et al. 2008. Resource service composition and its optimal-selection based on partical swarm optimization in manufacturing grid system[J]. IEEE Transactions on Industrial Informatics, 4(4): 315-327.

Tarantililis C D, Kiranoudis C T, Theodorakopoulos N D. 2008. A Web-based ERP system for business services and supply chain management: Application to real world process scheduling[J]. European Journal of Operational Research, 187(3): 1310-1326.

Tiwari M K, Jha S K, Anand R B. 2010. Operation allocation and part type selection in E-manufacturing: An auction based heuristic supported by agent technology[J]. Robotics & Computer-Integrated Manufacturing, 26(4): 312-324.

Valilai O, Houshmand M. 2013. A collaborative and integrated platform to support distributed manufacturing system using a service-oriented approach based on cloud computing paradigm[J]. Robotics & Computer-Integrated Manufacturing, 29(1): 110-127.

von Neumann J, Morgenstern O. 1944. Theory of Games and Economic Behavior[M]. Princeton: Princeton University Press.

Wang H, Song Y. 2018. Secure cloud-based EHR system using attribute-based cryptosystem and blockchain[J]. Journal of Medical Systems, 42(8): 152-159.

Wang J, Fan Y, Feng L, et al. 2019. Research hotspot prediction and regular evolutionary pattern identification based on NSFC grants using NMF and semantic retrieval[J]. IEEE Access, (99): 123776-123787.

Wang S. 2011. An analysis of manufacturers' supply and demand uncertainty based on the dynamic customization degree[J]. International Journal of Production Research, 49(10): 3023-3043.

Wijaya T, Larson K, Aberer K. 2013. Matching demand with supply in the smart grid using agent-based multiunit auction[C]. Proceeding of the 5th International Conference on Communication Systems and Networks, Washington D C: 1-6.

Xiang A, Liu L, Luo Q. 2008. VPeers: A peer-to-peer service discovery framework for virtual manufacturing organization[J]. Computers in Industry, 59(5): 411-419.

Yang N, Li D, Tong Y. 2013. Manufacturing services matching based on dynamic description logic in cloud manufacturing environment[J]. Chain Mechanical Engineering, 24(16): 2202-2207.

Yao J, Liu L. 2009. Optimization analysis of supply chain scheduling in mass customization[J]. International Journal of Production Economics, 41(9/10): 1034-1042.

Yeung W, Choi T, Cheng T. 2011. Supply chain scheduling and coordination with dual delivery modes and inventory storage cost[J]. International Journal of Production Economics, 132(2): 223-229.

Zhang L, Song X, Wu Y J. 2016. Theory, methodology, tools and applications for modeling and simulation of complex systems[C]. 16th Asia Simulation Conference and SCS Autumn Simulation Multi-Conference AsiaSim/SCS AutumnSim 2016, Beijing: 35-48.

附录Ⅰ：2018 年全球云计算 50 强中行业领先的企业

调研机构 Forrester Research 公司估计，2018 年全球公共云市场总额将达 1780 亿美元，高于 2017 年的 1460 亿美元，并将每年以 22%的年复合增长率继续增长。下表给出了 2018 年全球云计算 50 强中行业领先的企业排名、特点与优势。

排名	企业	特点与优势
1	亚马逊	亚马逊公司从开始使用闲置容量的实验，已经发展成为世界上最大、最全面的云服务提供商。其产品范围从计算、网络、存储、备份到 DevOps 和数据库等软件。AWS 公司在云计算领域显然是无与伦比的行业巨头，并且不断提供新的云计算工具。其最新增加的内容是物联网分析和区块链支持
2	微软	微软公司并没有像 20 世纪 90 年代担心互联网那样对待云计算这种新模式，而是通过一个完整的按需服务微软 Azure 来接受云计算，并将其两个最大的业务（Office 和 SQL Server）放到 Azure 平台中供用户使用。微软公司拥有深厚的企业传统帮助微软 Azure 增长，但它也包含了新的内容。微软最近为 Kubernetes 容器添加了 DevOps 支持；与许多云公司一样，微软 Azure 提供了一个定价计算器来帮助估算总成本
3	谷歌	尽管谷歌云平台宣称将占据主导地位，并且在云计算方面的发展具有雄心壮志，但谷歌公司在云计算市场份额竞争中排名第三。有一段时间它宣称自己是使用 App Engine 构建云应用程序的地方，但这并不奏效。因此，谷歌公司宣布了一项新战略，就像 Eric Schmidt 所说的那样“无论身在何处都欢迎你（meet you where you are）”，并聘请 VMware 公司创始人 Diane Greene 领导其云计算业务。谷歌公司在人工智能和机器学习方面非常强大。它的主要优势之一是价格：相对于 AWS 和微软 Azure 提供相同服务，谷歌云平台的价格是其 40%～50%
4	IBM	IBM 已将其所有云计算产品（如 Watson、Bluemix 和 SoftLayer）整合到一个名为 IBM Cloud 的品牌中，该产品可在 SaaS、PaaS、IaaS 和其他云计算服务中提供超过 170 种服务。这包括计算、网络、存储、管理、安全、分析、移动、开发人员、物联网、区块链、迁移等
5	阿里巴巴	和亚马逊公司一样，阿里巴巴也从一开始从事电子商务然后转向云服务。它是中国最大的云计算公司，但在全球范围内提供服务，像亚马逊公司一样，它开始接触基本的 IaaS 和 PaaS 产品的小企业，随着业务规模的扩大，扩大了产品范围。该公司的产品涵盖七大类：弹性计算与网络、安全与管理、数据库、应用服务、域名与网站、存储、内容分发网络与分析
6	惠普企业（HPE）	HPE 公司的 Helion 云服务蓬勃发展，但它仍然存在于 Helion Cloud System 中，这是一个统一的混合系统，可为企业提供内部和云订阅的单一映像。HPE 公司也加入了 OpenStack 社区，为云计算开发提供了一个应用程序开发平台，并且拥有一个 AWS 公共云兼容平台，用于构建称为 Eucalyptus 的私有云。它最近推出了 GreenLake，使企业可以在现场部署按需付费的云模式
7	VMware	vCloud Air 公共云服务提供三项服务：数据中心扩展、灾难恢复和数据中心更换。VMware 公司在数据中心虚拟化方面的领先地位使其在企业客户中备受瞩目。它最近与亚马逊公司达成协议，将 VMware 客户连接到 AWS 公共云上

续表

排名	企业	特点与优势
8	Pivotal	Pivotal 是 EMC 和 VMware 共同创建的公司，提供 Cloud Foundry 这一 PaaS 服务，它提供了一种快速构建和部署软件的新方法，并根据客户反馈对其进行更新。Pivotal 还为客户提供培训，以开发应用程序并提供分析工具
9	Oracle	Oracle 公司已经将其产品大量用于 SaaS、PaaS 和 IaaS 产品，其中包括中间件、数据库、Java、安全和身份管理服务，可将传统系统与云计算系统集成。它还提供裸机云产品，允许 Oracle 客户迁移其内部部署
10	Salesforce	Salesforce 公司由最初提供按需客户关系管理，上升为通过该公司的 Force.com 产品提供平台即服务
11	思科	随着网络设备销售速度放缓，思科公司利用其 InterCloud 生态系统实现了云计算战略。它在 2014 年推出了 InterCloud 服务，旨在为企业级云 IT 服务提供两个主要组件。 Intercloud Fabric 支持工作负载可移植性，以及以应用为中心的基础设施软件，可自动配置资源

附录Ⅱ：2018 年云计算企业百强榜[①]

排名	企业	产品
1	阿里巴巴	阿里云
2	中国电信	天翼云
3	腾讯	腾讯云
4	中国联通	沃云
5	华为	华为云
6	中国移动	移动云
7	百度	百度云
8	华云	华云
9	浪潮	浪潮云
10	新华三	华三云
11	金山	金山云
12	网易	网易云
13	世纪互联	蓝云
14	京东	京东云
15	中科曙光	曙光云
16	七牛	七牛云
17	东软集团	东软云
18	网宿科技	网宿云
19	优帆科技	青云 QingCloud
20	优刻得	UCloud
21	中企通信	SmartCLOUD
22	新浪	新浪云
23	苏宁易购	苏宁云
24	鹏博士	鹏博士企业云
25	奇虎 360	360 云
26	腾云天下	TalkingData

① 资料来源：https://www.sohu.com/a/254819533_100117053。

续表

排名	企业	产品
27	光环新网	光环云
28	华胜天成	天成云
29	万国数据	CloudMiX
30	宝信软件	宝之云
31	北森	北森云
32	杭州亿方云	亿方云
33	盛大网络	盛大云
34	宝德科技	宝德云
35	数梦工场	数梦工场
36	开创集团	开创云
37	神州云融合	神州云
38	用友网络	用友云
39	象云网络	象云
40	金蝶国际	金蝶云
41	二六三网络通信	263 云通信
42	仁科互动	销售易
43	畅捷通	工作圈
44	超图软件	超图云
45	云宏信息	WinCloud OS
46	三五互联	35 云办公
47	奥飞数据	奥飞云备份
48	飞天诚信	飞云
49	上海有孚	有孚云
50	天润融通	天润融通云呼叫中心
51	安畅网络	安畅云
52	迅达云成	SpeedyCloud 迅达云
53	天云融创	SkyForm
54	容联易通	容联云通讯
55	云智慧	云智慧
56	公瑾科技	慧算账
57	今目标	今目标
58	全时云商务	全时云会议

续表

排名	企业	产品
59	中联润通	中联易云
60	品高	品高云在线 BingoCloud
61	升鑫网络	青藤云安全
62	云途腾	T2Cloud OS
63	杭州又拍云	又拍云
64	犀思云	犀思云
65	云中融信	融云
66	博云	容器云平台
67	沃丰时代	UDesk
68	云思畅想	时速云
69	盛霄云计算	比格云
70	易成星光	Worktile
71	基调网络	听云
72	国云科技	G-Cloud
73	禾唐科技	卖家云
74	易掌云峰	环信即时通讯云
75	大易云计算	大易云招聘
76	云栈科技	希云 cSphere
77	上海亦存	坚果云
78	蓝云网络	蓝云网络
79	海云捷迅	AWcloud
80	互联港湾	HarborCloud
81	凌云雀科技	灵雀云
82	八爪网络	雇得易
83	成都逸创	逸创云客服
84	万企明道	明道
85	快云信息	快云科技
86	我知科技	为知笔记
87	科天视畅	科天云
88	炎黄盈动	AWS BPS PaaS
89	炫我科技	炫云
90	帆软软件	简道云

续表

排名	企业	产品
91	亦云信息	亦云
92	星云融创	安全宝
93	上海汇翼	Teambition
94	全景赛斯	ATEL 学习云
95	西部数码	西数云服务器
96	上海兆民	兆民云计算
97	铀尼信息	超级表格
98	江苏风云	风云在线
99	风起亚洲	风起云
100	百望	百望云

Gartner 在《云计算进入下一个十年》中曾指出，到 2020 年，只有提供 IaaS、PaaS 和 SaaS 整体解决方案的厂商才能占据云市场的领导地位。就目前来看，云计算的三大市场各具特色，但无一例外地朝着相互融合的方向发展。

IaaS：市场基本已成定局，IaaS 层目前格局较稳，无论国内还是国外，巨头都凭借着资本、技术、客户等壁垒傲立群雄，寡头市场基本已成定局。

从全球来看，阿里云位列前四，在国内排名第一。中国电信和腾讯紧随其后。面对巨头的垄断，IaaS 服务商的第二梯队选择通过差异化服务来另辟蹊径，或是将重点放在私有云市场，或是广泛布局于产业链的上下游。私有云可以按照类型和客户群体进行垂直和细分，精细化的服务也是一种强有力的竞争优势。根据中国信息通信研究院的数据，2020 年我国云计算整体市场规模达 2091 亿元，同比增长 56%。此外，在专注于 IaaS 的同时与产业链其他环节的企业进行广泛合作，深入了解市场，有助于加快行业解决方案的落地，这也能成功分得一杯羹。

PaaS：未来属于行业属性耦合度高的厂商，在 IaaS、PaaS 和 SaaS 三大领域中，PaaS 的起步最晚。不过，近几年 PaaS 的发展势头颇为强劲，其增速之快是有目共睹的。Gartner 更是将该领域细分出了几十个领域，每一个细分领域技术都在逐步走向成熟，并进入产业化阶段。IaaS 不会一直都是云计算的主战场，向 PaaS 层延伸提供差异化服务将是大势所趋。数字化成为越来越多企业的共识，而“上云”已成为企业数字化转型的关键所在。不过，很多大型企业要想一下子将原有的 IT 架构彻底洗牌重构，无疑是天方夜谭。在此情形下，PaaS 的优势显露头角，它不仅不会取代企业整个 IT 架构，还能让开发者根据自己企业的业务量身打造一套环境架构。面对大好的增长机遇，PaaS 平台要考虑的问题还是如何落地。相较于IaaS层，PaaS面向垂直应用领域和开发者，更加具备提供差异化服务的余地。因此，若想在企业中真正落地，就必须要与业务高度融合，照搬并没有什么意义。从目前来看，尽管PaaS市场有着百家争鸣的态势，但尚未出现具有绝对优势的龙头企业。而未来，PaaS的市场无疑是留给那些行业属性耦合度高的厂商。

SaaS：产品壁垒高筑，竞争核心在于对行业的理解、对痛点的把握。

国际数据公司发布的《中国公有云市场2017年下半年跟踪报告》显示，2017年我国公有云市场整体规模达到40亿美元，其中SaaS市场规模虽然只有12.63亿美元，但份额位居全球第二，增速已达到40.1%。不过，我国云计算发展落后于美国5～7年，目前正处于发展初期。SaaS模式在美国已经成为应用软件市场的发展热点之一，得到了企业的广泛认可。据统计，相较于美国SaaS市场对企业软件30%的渗透率，国内企业SaaS市场对传统企业软件业务渗透率仍然不足5%。不难预见，未来，市场需求将会加速更多的市场空间释放，这也将使企业级SaaS云的体系化发展趋势成为必然。SaaS作为一种软件即服务的云计算服务模式，具有成本低、应用范围广、按需订购等显著优势，对于经济社会各领域的数字化发展有着明显的促进作用。但仅仅做具体的应用软件显然是无法满足客户日益增加的个性化要求的，还需借助PaaS服务使之更为多元化和定制化。SaaS的核心价值是服务提供者对行业的理解、对痛点的把握。随着SaaS与PaaS的界限逐渐模糊，垂直类应用的专业性与差异性也必将越发显著。产品的设计者都是行业专家，产品并不轻易复制，壁垒由此高筑。这对于新兴的互联网企业而言并不是一件好事。

即便如此，在当前各企业加速发展云端技术的情况下，加强针对行业一体化的SaaS服务解决方案更应该成为发力重点，中小型企业更是如此。企业唯有顺应市场需求、提升产品系统性和服务稳定性、打造特色化产品体系，才有希望抢占未来企业服务的高价值领域。过去，走在行业前沿的企业采用云计算推动创新作为其核心业务战略。如今，云计算成为绝大多数企业中业务关键型应用程序的主流选择。是否应该迁移至云端，早已有了答案。那么，身处云端的企业又该如何创新？

云服务是立足于云硬件和云软件的。相较于云硬件和云软件，云服务是用户能直接感受、真实享有并愿意为此付费的。“一切皆服务”是推动云计算产业发展的核心本质。在云计算各组成部分中，如果说硬件是骨骼，软件是肌肉，那么服务便是灵魂。

无论企业选择“云＋”还是“＋云”，在云计算的不断渗透下，都各有需求。云计算对时代的意义已无须多言，顺应需求、不断完善服务才是安身立命之所在，也是云计算产业发展的推动力。